连云港中行《导入532模式 打赢开门红》培训
北京华夏科瑞管理咨询公司

农行三河市支行《导入532模式打赢开门红》培训
北京华夏科瑞管理咨询公司

起步即冲刺 开局就决战

农行迁安支行《导入532模式打赢开门红》培训
授课专家：孙军正教授 北京华夏科瑞管理咨询公司

中国银行烟台分行开门红532模式培训班
授课专家：孙军正教授 北京华夏科瑞管理咨询公司

常州分行《导入532模式打赢开门红》培训
北京华夏科瑞管理咨询公司

商业银行532模式

从营销到复盘

孙军正　郭心刚　著

中国财富出版社有限公司

图书在版编目（CIP）数据

商业银行532模式：从营销到复盘 / 孙军正, 郭心刚著. — 北京：中国财富出版社有限公司, 2023.11

ISBN 978-7-5047-8020-1

Ⅰ.①商…　Ⅱ.①孙…②郭…　Ⅲ.①商业银行—银行业务—研究—中国　Ⅳ.①F832.33

中国国家版本馆CIP数据核字（2023）第236146号

策划编辑	周　畅	责任编辑	邢有涛　刘康格	版权编辑	李　洋
责任印制	尚立业	责任校对	庞冰心	责任发行	杨　江

出版发行	中国财富出版社有限公司		
社　　址	北京市丰台区南四环西路188号5区20楼	邮政编码	100070
电　　话	010-52227588 转 2098（发行部）	010-52227588 转 321（总编室）	
	010-52227566（24小时读者服务）	010-52227588 转 305（质检部）	
网　　址	http：//www.cfpress.com.cn	排　版	宝蕾元
经　　销	新华书店	印　刷	宝蕾元仁浩（天津）印刷有限公司
书　　号	ISBN 978-7-5047-8020-1/F·3615		
开　　本	710mm×1000mm　1/16	版　次	2024年1月第1版
印　　张	12　彩插 1	印　次	2024年1月第1次印刷
字　　数	151千字	定　价	48.00元

本书专业咨询顾问团

532模式是一个全局思维模式，其通过把具体问题放在根源上思考、把局部问题放在整体上思考、把目前的问题放在过程上思考，并把问题分级、分层、分类，对碎片化信息进行系统思考与处理，逐渐形成有条理、有层次、有逻辑的思考路径。引入532模式，能够帮助使用者在提升业绩的过程中找到结构，将零散信息整合后就可以轻松得到结论与方法。

就现在包括商业银行在内的诸多企业的现状来看，影响运营与发展的因素主要涵盖三个痛点，分别为"不想干""不会干"和"少数人在干"，这些问题得不到解决，商业银行的发展会一直存在潜在隐患。针对不同的痛点，商业银行需要采取不同的策略，其中，可以应用运营机制来激起员工热情，解决"不想干"的问题；可以使用营销机制对员工进行能力培训，解决"不会干"的问题；可以通过"赛马"机制加强对员工的管理力度，解决"少数人在干"的问题。商业银行应当认可运营机制、营销机制与赛马机制的作用，重在通过明晰532模式来发现问题、认识问题并解决问题。

首先，532模式中提出的结构化战略思维是一种自上而下分析问题的方式，与传统的认知方向和顺序大相径庭。传统认知的思维模式是专业思维，而结构化战略思维是从问题本身出发，不断剖析问题的具体内容与实际核心，最终获得问题的解决方案。不要总想着提高个人能力自下而上解决问题，个人的力量是有限的，通常很难依靠个人影响团队行为，想要实现商业银行全面变革，就应该学会运用结构化战略思维，从上而下快速抓住问题本质，提出解决方案。

其次，提升企业竞争力的关键是关注"中坚力量"，也就是中层员工，这类人员是联结高层与基层的桥梁与枢纽，在项目业务推进的过程中起到承上启下的作用。商业银行中层员工是银行战略目标的落实者，是银行项目业务的完成者，是银行未来发展的推动者，被商业银行认为是中流砥柱。另外，提升商业银行的竞争力，就需要做到紧盯各级"一把手"这些关键人物。只要各级"一把手"高度重视工作，以身作则，其他员工就会认真工作；只要各级"一把手"敢于担当，团队就能直面问题、持续改善。反之，如果各级关键人物存在不同程度的问题，就难以激发更多员工的工作积极性、创造性，也就无法促进银行持续发展。

最后，团队有活力，企业才有进步动力，持续长期发展。在发展方向正确的情况下，企业内部需要足够的活力，方能确保发展战略顺利施行。对商业银行来说，有活力就能够增加企业竞争力；对银行员工来说，有活力就能够激发工作积极性；对银行客户来说，有活力就能够获得良好体验感。商业银行想要达到"有活力"的境界，就需要保证干部能上能下、员工能左能右、人员能进能出、工资能升能降。干部能上能下是指管理者依靠能力获得岗位；员工能左能右是指员工能够根据工作变动适应工作内容；人员能进能出是指员工需要具备能力才能地位稳定；工资能升能降是指合理的薪酬能够激励员工积极性。532模式提出既要充分激发中层活力和潜力，也要注重激发员工队伍内部发生"化学反应"，发挥"1+1>2"的作用。正激励和负激励可以相互均衡，发挥相应的作用，需要注重正激励与负激励灵活运用，更好地激发中层的干劲和热情。

现如今，532模式已成功导入500多家银行，使其团队执行力得到300%的提升，业绩获得200%以上突破，本书主要是对532模式具体内容的深度剖析，展现商业银行从营销到复盘的关注重点，帮助更多的银行业研究者深层次了解运营与发展的关键。

CON目录
TENTS

PART 1
商业银行管理现状和 532 模式逻辑

1

PART 2
商业银行 532 模式之营销机制

PART 3
商业银行 532 模式之运营机制

PART 4
商业银行 532 模式之赛马机制

PART 1

商业银行管理现状和 532 模式逻辑

一、缺乏经营活力

不久前笔者与一位商业银行高管交流，谈起商业银行经营，他叹了口气说："现在许多行业都在'躺平'，银行也在'躺平'，这对金融企业的发展非常不利。"有些商业银行面临失去经营活力的情况。影响商业银行经营活力的因素都有哪些呢？其具体总结有以下几个方面（见图1-1）。

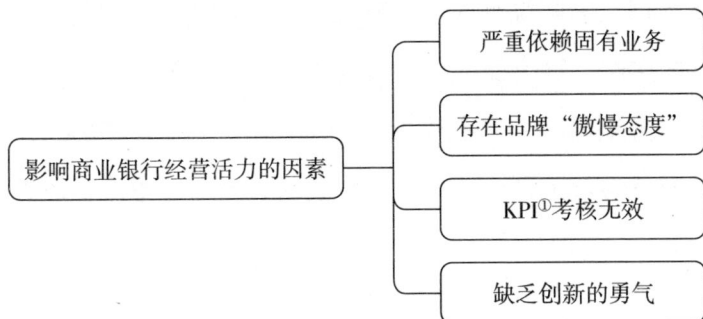

图1-1　影响商业银行经营活力的因素

① Key Performance Indicator，关键绩效指标。

3

1. 严重依赖固有业务

许多商业银行都有自己占优势的传统业务，这些业务也是他们的根基所在。但是随着社会发展，金融领域与上下游环境发生变化，某些传统业务的优势不再明显，空间被压缩，经营压力也就慢慢显现出来。加上商业银行应对措施不足，准备不充分，也没有改革的雄心，在开拓新业务方面呈现出力不从心的状态。如今，一些商业银行因严重依赖固有业务而出现经营难题，曾经积攒下来的品牌优势也荡然无存。

2. 存在品牌"傲慢态度"

大家不得不承认一个事实：傲慢导致落后。许多传统品牌之所以没落了，是因为品牌企业存在品牌"傲慢态度"。许多管理者固执地认为，品牌就是"吸铁石"，只要打造品牌，就能吸引客户，让企业从品牌中获利。但其他一些商业银行转换了经营思路，带动企业快速发展。曾经某商业银行的一名员工这样评价某同行企业："他们赚钱多又有什么用？品牌没有底蕴，赚钱一时，能赚钱一世吗？"受这种傲慢态度的影响，这家商业银行没有改革，没有推出新产品，依旧提供传统的服务项目，只是在品牌宣传方面有所投入，毫无活力可言。要知道，商业银行是允许破产的，失去活力的商业银行，离破产可能也就不远了。

3. KPI 考核无效

众所周知，KPI 考核是许多企业常用的激励工具，但是这个工具用起来并不是那么有效。KPI考核内容众多，笔者将在后面章节进行详细讲述。许多商业银行也在使用KPI进行考核，为的就是激发银行员工的工作活力，从而提升业务成绩。但是，有些商业银行的KPI考核并不科学，盲目使用KPI，用KPI对员工进行强压。比如，某银行员工完成了第一年的KPI，但第二年他的KPI相较第一年提升了15%，第三年KPI相较第二年提升了30%……到头来，KPI完不成，员工愤然离职，或者跳槽去了其他商业银行。还有一些商业银行的KPI完全是违背市场行为的，过于急功近利，明明理论上根本完不成，却强行让员工接受，导致员工心灰意懒，失去了工作的勇气。在这种高压工作环境下，商业银行变成了离职率非常高的金融企业，这对品牌发展和商业运营十分不利。

4.缺乏创新的勇气

稳扎稳打、谨慎行事是个好习惯，对于企业管理者而言，有这样的习惯似乎也是好事。但是，社会变化较快，市场也变化较快。许多企业破产，导致许多人失业，也有许多新生产业出现，市场结构相应发生了变化。这样的变化是瞬间的，并不是数百年、数十年的，因此无法留给商业银行喘息的时间。如果在这样的局面下，商业银行管理者仍旧采取"保守"的管理策略，不敢改革，拒绝创新，不想拥抱"新事物"，恐怕只会带领商业银行走上"死路"。商业银行中管理者是一个权威角色，他的思想和决策决定了商业银行的发展。但并不是所有的商业银行管理者都有改革魄力，他们把"稳扎稳打、谨慎行事"的行事作风发挥得淋漓尽致，这样会阻碍商业银行的发展，让商业银行的经营失去活力。

总之，想要解决商业银行经营活力的问题，就需要商业银行管理者对商业银行进行大刀阔斧的改革，使其恢复经营活力。

二、联动营销存在问题

许多商业银行的行长都在探讨营销，营销是商业银行需要重点关注的课题。有人问："商业银行不是金融企业吗？怎么跟营销有关系了呢？"事实上，商业银行只是拥有金融的属性而已，想要拥有市场竞争力，商业银行必须做好两件事：一是金融服务，这是商业银行运营的基础，没有金融服务，也就没有银行；二是营销，营销就是经营与销售的结合，商业银行有许多金融产品，只有把这些金融产品销售出去，才能持续获利，提升商业银行的竞争力和市场地位。说到底，商业银行不是慈善机构，商业银行是企业，其目的是盈利。如今，有些商业银行存在营销难题，尤其在联动营销方面，存在的问题更多（见图1-2）。什么是联动营销？联动营销就是条线融合、资源融合，为客户提供一站式服务，用专业知识给客户提供更加精准的产品。

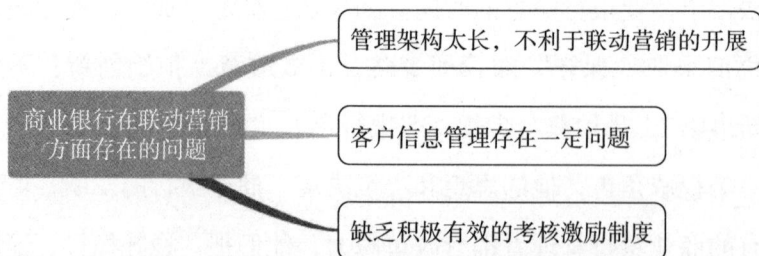

图1-2　商业银行在联动营销方面存在的问题

1. 管理架构太长，不利于联动营销的开展

我国的商业银行几乎都是"总—分—支"三级架构，在全国设立一个总行，每个省份设有一级分行，每个地市设有二级分行，分行下设有支行，传导环节非常多，上传下达需要很长时间。与此同时，许多商业银行仍旧采取"条线管理"，每个条线都由一个独立的团队进行负责，条线之间没有交叉，也就无法形成"共享"和"同频"。有时候，个人大客户的背后可能还有一个企业，但是个人身后的企业客户由银行内另一个团队进行管理和运营，继而让营销产生分离，不利于为客户提供一站式服务。想要改变这种情况，商业银行需要改变传统的、低效的管理架构，进一步打造联动营销模式，让两个条线或者多个条线融合在一起，实现资源共享和业务同频。

2. 客户信息管理存在一定问题

如今，许多企业都在做管理体系认证。为什么要做呢？笔者的个人看法是，当一个企业做到一定规模，就需要用科学的管理运营方法去规范企业的各个管理环节。在众多管理环节中，客户信息管理是十分重要的一环。现今，每个商业银行都在做客户信息管理，但是这项工作完全落实到位了吗？恐怕没有，甚至在客户管理方面还存在许多问题。举个简单例子，某人是某商业银行的客户，他在这家银行有存款，也有投资，还办理过贷款购房的业务，但是其个人的业务并不是由某个客户经理或者某个单一部门专门负责的，而是分别由个金部、电子银行部、房金部、卡部等部门管理，且每个部门只负责这个客户的某项单一业务，这些业务无法融合在一起。因此，商业银行也就无法实现个人客

户的综合开发。还有一些商业银行仍旧没有相关系统进行支持，各个条线、各个部门更多是单打独斗，缺乏联动意识。如果商业银行能够加强客户信息管理，并且对客户信息进行分享，让多个条线联动，共同开发客户资源，是不是就能解决客户信息管理不到位的问题呢？当然，业务分离也增加了管理费用，同时制约了商业银行的发展。

3.缺乏积极有效的考核激励制度

有这样一个故事，某商业银行工作人员抱怨："现在的银行部门考核真是不公平，都是做业务，甚至都是服务同一个人，我拉了个人大客户的个人存款单，而另一个部门的人拉了个人大客户背后的企业客户存款单，这能一样吗？我们这些做对私业务的，做一年也比不上那些对公业务的业务员做一单，这一点都不公平。那谁还愿意做个人业务？大家都去做对公业务好了，三年不开张，开张吃三年。"如今，许多商业银行的绩效考核是分开的，对公业务和对私业务有各自的考核制度，奖金数额存在较大差距。许多商业银行的考核制度缺乏"有效测算"和"贡献度比例划分"，即使是联动营销，各个部门的参与人员，也存在积极性不高、参与度不够的现象。想要解决这个问题，恐怕需要在绩效考核方面下功夫。对绩效考核体系进行升级或者改革，有利于开展联动营销。

以上三个方面，或许只是联动营销问题的"冰山一角"，可能还有许多其他问题藏于其中，这需要商业银行的管理者去发现、去解决。商业银行的管理者要大胆尝试、开展联动营销工作，才能解决难题。

三、持续获客能力弱

如今，商业银行都在为缺少获客渠道发愁，有些甚至还失去了许多存量客户。是什么原因导致的呢？当然，获客能力不足，不单是一家商业银行的痛点，对此，整个行业几乎都是"有苦说不出"。近几年，不少职场人士表示：满足基本生活已经不易，基本没有存款了。对于商业银行来讲，抓住机会，提升获客能力，扩展获客渠道，才能解决痛点。但是，还有一些商业银行并没有解决相关问题的办法，早在2020年之前就应该暴露出"获客能力差"的问题。这些商业银行为什么获客能力弱呢？下面探究深层次的原因（见图1-3）。

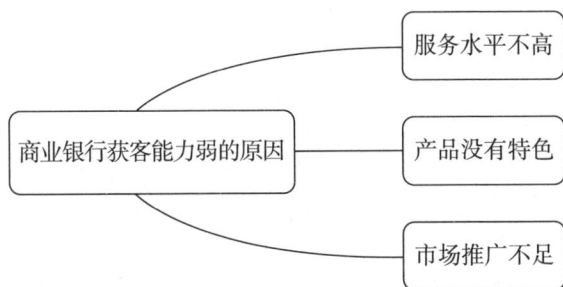

图1-3　商业银行获客能力弱的原因

1.服务水平不高

商业银行是企业，是金融服务类企业，要依靠优质的服务提升品牌形象和口碑。但是有些商业银行的服务水平不足，服务效率低下。有一位老者去某银行办理业务，仅排队就等了两个多小时。后来，这位老者完全失去了耐心，去了街道对面的一家服务好的银行办理金融业务。俗话说："不怕不识货，就怕货比货。"如果一家商业银行的服务水平不及其他商业银行，就会把自己的客户送给竞争对手。如今，许多流失客户的商业银行意识到了这个问题，便想办法提高服务质量。但是，这些商业银行要为曾经的错误"埋单"，想要重新获取客户好感，并不是一件容易的事情。提升服务水平的方法有很多，对商业银行而言，需要把服务落实到位，以实际行动回馈客户，才能留住客户，提升获客能力。

2.产品没有特色

商业银行如同"金融超市"，有各种各样的金融产品。按理说，丰富的金融产品对金融消费者（投资者）来讲，选择范围大，能够满足客户的不同需求。但是，存在一个问题：许多商业银行的金融产品同质化问题严重，特色金融产品少。那对金融消费者（投资者）而言，选择任何一家商业银行的金融产品都可以。同质化的金融产品存在直接竞争关系，商业银行只能靠提高服务水平提升金融产品的竞争力。对于商业银行来讲，缺乏金融产品的研发能力是非常致命的。没有个性化产品，也就无法提升获客能力。有一位高净值客户说："我需要的是个性化的金融产品，而不是大同小异的常规金融产品。"因此，商业银行缺乏创新力和新产品研发能力，是获客能力弱的主要原因之一。想提升获客能力，还要在产品研发方面多下功夫。

3.市场推广不足

一些人认为，银行就是银行，不需要推广。市场经济体系下的各个商业银行存在直接竞争关系。商业银行是以盈利为目的的企业，如果经营不善，也会破产。许多商业银行为了拉客户，想尽一切办法对自己的金融品牌进行推广。商业银行竞争激烈，如果没有强大的宣传推广能力，就很难拉到客户。如果一家商业银行没有进行推广，仍旧选择"开门迎客"的传统方式，就会在竞争激烈的行业内败下阵来。互联网时代，品牌推广的方式更加多元化。提升品牌推广能力，才能提升获客能力。

商业银行的竞争非常激烈，提升获客能力才能立足于行业，并获得发展。许多商业银行已经意识到获客能力弱这一问题的严重性，着重在此发力，或许有一天，问题就能得到妥善解决。

四、执行力不足

什么是执行力？笔者在此引用百度百科关于"执行力"的描述："执行力就是在既定的战略和愿景的前提下，组织对内外部可利用的资源进行综合协调，制定出可行性的战略，并通过有效的执行措施从而最终实现组织目标、达成组织愿景的一种力量[①]。"执行力是一种"管理组织能力"，包含了个人执行力和团队执行力，商业银行需要这种能力。过去人们常讲："一个人在执行任务的时候，要竭尽全力，以'结果'为行动目标，按时完成上级交代的任务。"如果一个人失去了能动性，做事不积极，甚至偷懒、"摸鱼"，怎么能够完成任务呢？许多组织部门采取KPI考核的方式以提升员工个人能动性，完成任务目标就奖励，完不成任务目标就处罚。这种考核机制在一定时间、一定范围是有效的，但是时间长了，效果就会大打折扣。因此，KPI考核只是一种手段，并不是解决问题的最佳方案。团队执

---

① 百度百科.执行力［EB/OL］.（2023-04-12）［2023-05-17］.https://baike.baidu.com/item/执行力/1149786?fr=ge_ala.

行力是由无数个个人执行力凝结而成的，更能表达一个企业家（管理者）的管理智慧。现如今，许多商业银行都面临着执行力不足的问题，引发这个问题的具体因素都有哪些呢？这是商业银行管理者必须要思考的一件事情。引发商业银行执行力不足的因素如图1-4所示。

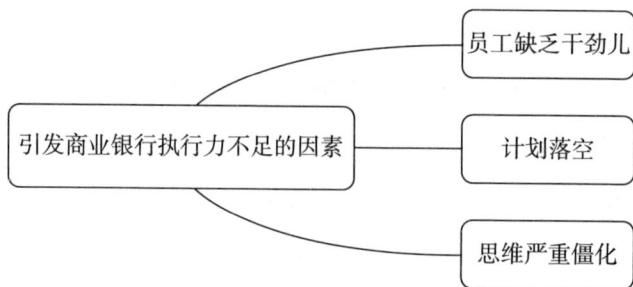

图1-4　引发商业银行执行力不足的因素

1. 员工缺乏干劲儿

在有些商业银行，员工缺乏工作积极性，缺乏干劲儿和冲劲儿。为什么会这样呢？有一位银行管理者说："我们商业银行也存在这个问题，但是给员工的待遇并不差，甚至在业内算比较好的。"这是一个深层次的问题。笔者曾经问过一位银行员工关于执行力的问题，这位员工说："我们的工作'千篇一律'，但是这种单调又乏味的工作总是干不完，时间久了，缺乏工作激情。"还有一位员工说："我们目标很模糊，总是有一种'迷失感'，不知道如何做是对的，反正大家都像无头苍蝇，做到哪里算哪里，甚至连我们的领导都是如此。"缺乏目标，缺少干劲儿，做什么都是敷衍了事，这样的银行团队怎能有执行力？关于执行力的话题很大，笔者放在后面章节具体阐述。

2.计划落空

笔者经常听到这样一句感叹："哎，计划又落空了！"计划落空了，由两个关键因素导致：一是计划存在问题，不符合实际，不具备可操作性和可执行性，无法落地；二是执行过程有障碍，着急的事不着急去做，不着急的事敷衍了事。如果一家商业银行制订的计划存在问题，执行通道也存在阻塞，计划落空就是常见现象了。有些组织部门会根据实际情况不断调整计划，这种方法看似有效，但不论是对计划"层层加码"还是"层层递减"，都已经反映出管理者制订的计划存在一定的不合理性。古人言："物有本末，事有终始，知所先后，则近道矣。"做事要符合规律，要有轻重缓急之分，制订计划也是如此。许多组织部门采用"SMART原则"科学制订计划和目标，然后组织有生力量进行学习，并且培养有生力量养成检查的工作习惯，这样计划不会落空，也能解决执行力不足的问题。

3.思维严重僵化

思维严重僵化也是一个大问题。商业银行的管理者思维僵化了，就无法提供更好的方法和指导意见，员工也只能"按部就班"地工作，逐渐丧失战斗力和执行力。商业银行的员工思维僵化了，就无法提升工作能力，执行力不升反降。因此，商业银行的管理者和员工需要与时俱进，跟上时代的发展潮流，不断创新，不断学习和交流，从僵化的思维中跳脱出来，掌握先进的管理理念和服务理念，为客户提供更加温馨、舒适、个性化的服务。有一位地方支行的行长曾感慨："如果我们思维僵化了，也就无法理解上级的先进管理思维，穿新鞋走旧路。"当然，解决思维僵化的问题并不容易，不断学习和交流只是其中的一个方面，还需要积极寻找其他解决问题的方法和途径。

导致执行力不足的因素有许多。不同的组织部门存在的问题不同，导致执行力不足的因素也不同。对于商业银行管理者而言，要像一名医生那样学会"诊断"，找到引起执行力不足的具体因素，对症下药，才能解决问题。

五、缺乏检查与复盘机制

复盘是这些年非常受推崇的，许多企业、组织，甚至个人都在学习复盘。也有人问："复盘的价值是什么？复盘到底有没有用？"在笔者看来，复盘不仅是围棋博弈过程中的"总结—反思"的技巧，还是一种检查与纠错的学问。许多企业组织多多少少都存在一些问题。这些问题还需要分门别类。本章一共五节，其中有四节主要讲述"直接问题"：商业银行为什么缺乏执行力？商业银行为什么缺乏经营活力？商业银行的获客能力为什么得不到提高？商业银行的营销问题为什么迟迟得不到解决？每一个大问题下面，还包括许多小问题。曾经有一位银行管理者说："商业银行应该有属于自己的检查机制，检查出并解决这些问题，才能恢复商业银行的正常经营。"检查机制是好的，但是，又有几家商业银行踏踏实实去做？多年前，笔者曾探访一家企业，企业管理者感叹道："这些年企业发展很快，并不是我们的管理水平提升了，而是市场给了我们快速发展的信心；当市场中更多的竞争对手出现时，就需要调整策略。但是，我们一味地做市场，用过去的方法和营销策略，产品没有升级，服务也是如此，市场布局也不合理，没过几年，我们的市场份额就下跌了一半。用我的话说，安逸的生活过久了，已经忘了曾经贫困的日子；感觉自己太优秀了，早就把曾经犯过的错误抛之脑后，直到市场把我们打醒，我们才知道自己之前的谋略是错误的，可为时已晚。"

当然，许多商业银行的管理者并不认可这一点。许多朋友也许会有疑问："商业银行都有与之相关的内部检查部门，也有专人负责。甚至，商业银行在'三大风险'的管控方面，也都能落实到位，应该不存在这样的问题，怎么会缺乏检查呢？"当然，中国商业银行改革发展几十年，完全不存在检查监督机制是不可能的，但是与之相关的工作究竟落实了多少？假设我们的商业银行遭遇了由于检查不到位而产生的问题，没有处理好，或者某些环节仍旧存在"隐患"，就会给客户造成不良影响和损失，最终结果是，老客户会抛弃你，然后选择另外一个"合作伙伴"。在这里，笔者还想补充一点，检查工作不应是阶段性检查，而应是日日检查、时时检查，不断完善自己的工作，不留"管理死角"，更不能"带着错误上路"。古人所讲的"三省吾身"就是一种检查、反思。

一篇名为《让专项检查在企业监督工作中发挥重要作用》的文章写得不错，笔者引用其中一段话："监督检查工作组根据发现的问题，汇总梳理形成专项监督检查报告和反馈意见，既要点明被检查单位工作创新及亮点，以便推广；也要精准描述问题表现、具体违反的规章制度条款。同时，监督检查工作组还应结合实际，对检查中发现的具体问题进行分析研判，透过现象看本质，确定问题背后的原因，并有针对性提出整改意见建议，明确整改方向，让责任单位在实际整改过程有的放矢^①。"检查不是走过场，更不是形式主义，是必须夯实到位的一件事。个别企业把检查当成了可有可无的工作，监察部门也沦为摆设。检查工作做不到位，更别提复盘了。检查只是复盘的其中一个环节，旨在"整改"与"重新部署"。既然在一个地方犯过错，为什么还要继续犯类似的错误？还有一些员工认为，检查、反省与复盘都是领导做的事，与自己无关，自己只是"工具人"，领导让做什么就做什么。这个逻辑是不对的，员工是某个岗位上的"负责人"，要对同事、领导、客户、组织负责到底，绝不能做不思进取的"工具人"。检查与复盘，不仅是由"相关部门"发起的，更是由每个人发起的。商业银行的所有人员都应该有检查与复盘的意识，才能做好这项工作。

---

① 段红晴，胡贰伟.让专项检查在企业监督工作中发挥重要作用［EB/OL］.（2020-11-03）［2023-04-17］.ylxf.1237125.cn/News View.aspx?NewsID=341781.

一、30%营销机制

无论对商业银行而言，还是对其他商业机构而言，营销都是非常重要的。二八定律是绝大多数商业银行沿用的定律。笔者看到，许多商业银行围绕高净值客户打造单独服务场景，并且为他们提供更多金融产品可能性。有人问："难道剩余的80%的客户不重要吗？"绝对不是。在笔者看来，剩余的80%的客户仍旧属于潜力股。毕竟，高净值客户的数量很少，可挖掘的资源十分有限，竞争非常激烈。有时候，不同商业银行为了争抢某个特殊高净值客户，"非死即伤"。有着"整合营销传播理论的开创者"之称的唐·舒尔茨指出：创意最大的挑战是，驱逐那些枯燥、夸大、卖弄却言之无物的言辞，代之以有真正意义，能够帮助消费者解决问题，并且能改善他们生活的信息。这才是与消费者建立关系的方法，也是建立起品牌地位的不二法门。营销是一门学问，也是一种艺术，更是一门哲学。似乎人人都懂得如何"卖东西"，但是想要把东西卖得好，就不是一件简单的事。532模式中，营销的比例占了30%，占比不低。如果进一步总结，营销机制主要由极致服务、三量掘金、批量营销三方面构成（见图2-1），它们互相支撑，形成矩阵，继而提升商业银行的营销力。

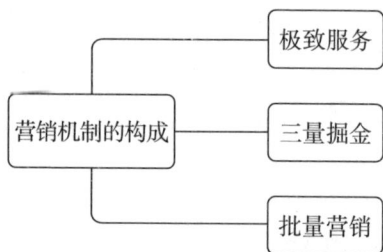

图2-1　营销机制的构成

1. 极致服务

去过海底捞火锅店的消费者都知道，海底捞的服务质量在整个餐饮界是非常有名的，无微不至的贴心服务，深受广大消费者的喜欢。同样，许多商业银行非常重视服务。只有服务好才能留住客户，唤醒客户的消费欲望，让客户继续"购买"商业银行提供的服务。《极致服务》中有这样一句话："当你为员工创造了一种激励环境时，就会得到客户忠诚度。"如果想要让员工服务好客户，银行管理者要以服务好自己的员工为前提，如果老板对自己的员工不好，员工怎么可能会服务好自己的客户？因此，商业银行管理者要尊重自己的员工，搭建良好的沟通渠道，为员工争取福利，给员工提供更好的工作环境，打造良好的服务文化环境，传递服务精神，员工才能拥有服务意识，用极致服务服务于自己的客户。

2. 三量掘金

三量掘金对于普通读者而言，似乎有些陌生，但是对于商业银行的从业者来说是经常被提及的，也是商业银行营销的重要手段。所谓三量掘金，即存量深度挖掘、增量场景营销、流量氛围营销。存量深度挖掘，要求商业银行销售人员搭建良好的客户关系，采取必要的营销策略，抓住"维护要点"，把客户发展成老客户，把老客户发展成朋友，在"临界""到期"等"节点"上，进一步跟进，挖掘客户的存量价值。增量场景营销，就是搭建精准的营销场景，对不同场景内的客户群体进行精准画像，提供精准的外拓营销方案，利用个人资源优势，完成"成交转化"。流量氛围营销是一种以"客户体验"为导向的营销方式，它主要体现在高到访率、高挖掘性、高成交率上，笔者将在后面章节具体介绍和分析。

3. 批量营销

批量营销，是商业银行经常采用的一种营销方式。有人问："商业银行为什么要采取批量营销方式呢？传统的一对一营销不是更有针对性吗？"其实，商业银行的个别业务，尤其是小微企业业务，客户基础是很薄弱的，转化效率也不高，如果采取一对一营销，不仅营销成本高，而且转化效率并不一定高。因此，许多商业银行针对小微企业开展批量营销服务，这种一对多的营销完全可以标准化、专业化。批量营销也是一种"集客"营销方式，就是把客户集中起来，借助良好的营销服务环境，挖掘客户身上的价值。与此同时，公私联动、银商互动和渠道拉动，都是批量营销的前提。

如果商业银行重视营销，把营销放在重要位置，把客户当成自己的"衣食父母"，为客户提供更好的服务，做好"保姆"与"顾问"工作，就能把营销做好。

二、 50% 运营机制

经营的核心就是运营。运营是管理学中的一个名词，互联网上关于运营的具体定义如下："运营就是对运营过程的计划、组织、实施和控制，是与产品生产和服务创造密切相关的各项管理工作的总称。运营管理也可以指对生产和提供公司主要的产品和服务的系统进行设计、运行、评价和改进的管理工作。"当然，运营是一个总体概念，它包含许多方面，如市场运营、社区运营、商务运营、客户运营、管理运营等，商业银行的运营项目也有很多分类，有个人客户运营、大客户运营、理财运营、贷款运营等，它们都需要商业银行的项目运营团队做好运营工作。这些运营项目既是单独存在的独立模块，又是相互联系的紧密结合体。换句话说，只有将所有的运营子项目结合在一起，串联在一起，才能形成整体运营。互联网上有这样一句话："一切围绕产品或服务进行人工干预的过程都叫作运营。"在商业银行的管理与运营中，运营机制是整个532模式中最为核心和关键的，它的占比是50%。如果商业银行的管理者能够做好运营工作，能够为商业银行打造一套科学、流畅、高效的运营机制，也就能让商业银行这艘巨轮驶向"深海"。运营机制包括三个方面，即事前计划、事中检查、事后奖励（见图2-2）。

```
┌─────────┐
│ 运营机制 │
└─────────┘
     │
 ┌───┼───────────┐
 │           │           │
┌──────┐ ┌──────┐ ┌──────┐
│事前计划│ │事中检查│ │事后奖励│
└──────┘ └──────┘ └──────┘
```

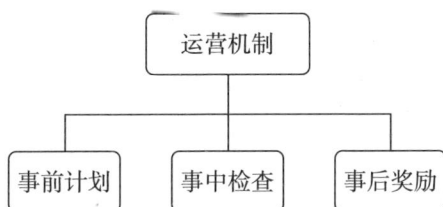

图2-2　运营机制

1.事前计划

古人言："凡事预则立，不预则废。"做事之前，都要事先做好准备；如果没有做好准备，极有可能会失败。短跑运动员参加比赛之前都会进行一番准备。首先，他会准备一双适合短跑比赛的跑鞋，跑鞋的质量必须好，重量必须轻，鞋底的抓地力要大，为短跑运动员的蹬跑提供足够大的摩擦力；其次，他要准备一套适合短跑比赛的衣服，并且对自己的身体状态和比赛成绩进行评估。只有做好这些工作，他参加短跑比赛才更放心，甚至还能预判到自己的比赛成绩和比赛名次，并且制订出预赛、半决赛、决赛中的计划目标。管理大师安东尼·罗宾斯有一个公式，即"成功=明确目标+详细计划+马上行动+检查修正+坚持到底"，在这个公式里，明确目标与详细计划就是笔者所讲述的事前计划，这对开展运营工作有推动作用。没有目标和计划的运营，是不会出成绩的。

2.事中检查

有一家企业上马了一个新项目，新项目的市场运营不错，产品卖得也很好，企业很快就从该项目上盈利了。后来，市场出现波动，产品的利润开始下降，甚至出现了亏损。但是，这家企业的管理者并没有对此进行管控，而是继续大批量生产该产品，卖不掉的产品就大量存储，寄希望于市场回暖，产品继续卖高价。事与愿违的是，这家企业"赌"错了，产品积压太多，而产品价格一直下滑，最后只能低价套现，造成了巨额亏损，企业也到了濒临破产的地步。有一位企业家对此说："原本，这家企业可以进行运营检查，调整产能，'小步快跑'。如果人人都能看透市场，世界上也就不存在破产的公司了。"言外之意，项目运营必须要做事中检查，时时刻刻进行检查，并对计划、目标进行调整，才可能做到万无一失。

3. 事后奖励

众所周知，奖励对于运营这件事是非常重要的。运营团队的成员如果得不到奖励，恐怕无法百分百尽全力去工作。一个聪明的管理者，会在目标结果得到落实后，对自己的下属进行奖励，奖励分两个层面，即物质奖励和精神奖励。笔者记得有位企业家说过："企业运营离不开'人'，想要让'人'好好工作，就需要及时奖励。年头到年尾，三百多天，大家都很辛苦。辛辛苦苦一年，给企业发展带来了可喜成果，这不是管理者的成绩，而是整个运营团队的成绩。为什么不奖励员工呢？在我看来，既要经济上'实惠'，又要政治上'光荣'。"通常来讲，项目的好结果是奖励的结果。商业银行的管理者一定要学会事后奖励，无论是金钱激励还是晋升激励，都能起到正面效果。

事前计划、事中检查、事后奖励是运营三部曲，是连贯的，是运营三阶段的重要工作。商业银行管理者只有做好这三项工作，才能打造高效运营团队，确保商业银行正常运营。

三、 20% 赛马机制

许多企业都在推崇赛马机制。中国著名企业华为也有自己的赛马机制：让有意愿的马跑起来，让跑起来的马跑得快，让跑得快的马跑得远。华为的赛马机制可以说是非常有效的，并且是非常公平的。人人都可以是"马"，但只有少部分才能成为"千里马"。只要人的心中有目标，且能在规则之下完成自己的目标，就能完成"赛马比赛"。运营机制中的重要一环是事后奖励，完成比赛或者超额完成比赛的"马"一定会得到奖励，激励机制也是整个 532 模式中的重要一环，为"赛马比赛"成绩优异的"马"提供更好的成长、生存环境，"马"就能快速成长，掌控"赛马比赛"全局。当然，一匹优秀的"马"要像那些围棋博弈高手那样，学会思考与复盘。有时候，一场比赛会失利，不要紧，打赢下一场比赛就行了。赛马机制是一种机制，更是一种文化，还是给"马"提供的"自我展示平台"。笔者不认为赛马机制是单纯"激励"，更不认为它是一种"打鸡血"机制。笔者认为，它是将目标、规则、复盘结合在一起的机制。因此，赛马机制包含了三个方面，即明确目标、制定规则、定期复盘（见图 2-3）。

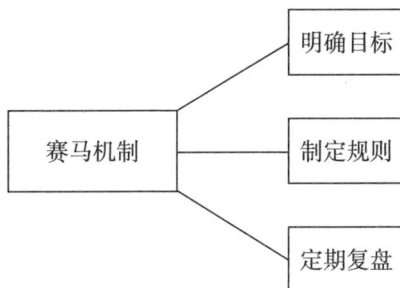

图 2-3　赛马机制

1. 明确目标

有人说："明确目标，才能执行到位。"没有目标就执行，是"瞎执行"。目标是什么？目标是灯塔，是方向。有了目标，执行力团队才能"劲往一处使"。作家契诃夫有句名言——在你高喊着"向前进"的时候，必须指明所谓前进的是哪一个方向。目标不是"乱喊一通"，而是根据商业银行的实际状况借助科学的管理工具设定出来的。许多商业银行通过 SMART 原则设定目标，让目标具备"可完成性"。还有一些商业银行管理者让执行团队成员参与设定目标，并且培养团队成员的"主人翁意识"，激发执行力团队成员的能动性。目标决定方向，行动决定结果。因此，商业银行管理者和执行团队的首要工作，就是明确目标。

2. 制定规则

没有规矩不成方圆。无论是玩游戏，还是企业运营管理，都需要规则。有人说："规则是讲给不听话、无视规矩的'人'听的，对于那些真正意义上的'君子'而言，规则起不到任何约束作用。"笔者不认同这句话，规则不仅起到了约束作用，而且是一种保障机制，甚至可以让"赛马比赛"更加公平。制定"赛马比赛"规则并不是一件简单的事，一定要做好四件事。第一件事，规则要平衡。制定的规则要公平、平等，还要让商业银行、合作伙伴、客户能均分"蛋糕"。第二件事，规则要透明。许多组织部门的规则不透明，甚至还暗藏"玄机"，制造腐败的温床，这绝对是不行的。第三件事，规则要有"对话机制"，能提供对话、沟通的规则，才是好规则。第四件事，规则要"留有余地"，它是博弈后的"结果"，既符合双方利益，又能提供谈判机会。因此，商业银行的管理者一定要制定好"赛马比赛"规则，确保"赛马比赛"顺利进行。

3. 定期复盘

哈佛大学教授加尔文曾指出，学习型组织的快速诊断标准之一是"不犯过去曾犯过的错误"。试问，商业银行管理者以及团队执行人，一定没有犯过"同样的错误"吗？绝大多数人不敢打包票。管理者需要重新回顾一下，工作中的哪些做法有不妥之处，有哪些行为让客户感到不适，有哪些需要改善的地方。复盘，是一种反思和总结。定期复盘，既能让人少走弯路，更能让人少走错路。

赛马机制并不是一个很复杂的机制，但在整个 532 模式里也有 20% 的占比。这足以说明赛马机制的重要性。明确目标、制定规则、定期复盘更是商业银行管理者应该做好的三方面，只有做好这三方面，才能完善商业银行的经营与管理工作，才能带领执行团队完成自己的使命。

四、痛点的转移与锁定

几乎每一家商业银行都有自己的痛点，且不同商业银行的痛点不同。如果商业银行管理者无法解决这些痛点，甚至无法触摸到这些痛点，也就无法带领商业银行走出困境。就像前文笔者提到的，许多商业银行面临着执行力不足、盈利能力不足、获客能力不足等问题，只有解决了这些问题，才能从根本上解决商业银行的经营问题。有人问："如今的商业银行处在增量时代还是存量时代？"如果说，二十年前，商业银行经历的是增量时代，那时下，商业银行所处的时代是存量时代。金融资源是有限的，客户也是如此。"关店潮"让许多商业银行管理者意识到：商业银行的痛点已经转移，只有锁定这些痛点，才能从根本上解决问题。从增量时代到存量时代，商业银行痛点的转移如图2-4所示。

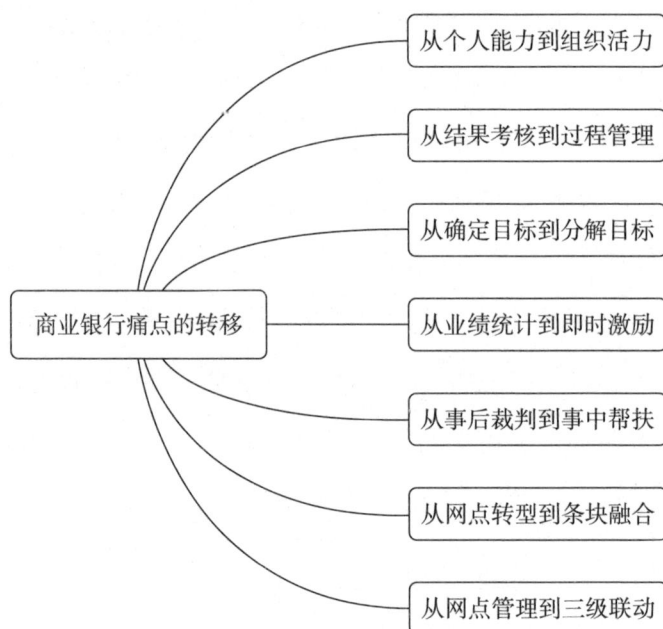

图2-4　商业银行痛点的转移

1. 从个人能力到组织活力

曾经，商业银行靠个人能力打拼天下，有一名"孤胆英雄"，就能解决许多问题。随着时代的发展，商业银行更加需要有组织活力的团队，而不单单是员工的个人能力。有位企业家说："一个人只有一双手，无法解决所有的问题。但是，如果能将所有有能力的员工组织起来，调动整个团队的组织积极性，就能解决更多的问题。"

2. 从结果考核到过程管理

有这么一句老话："过程很重要，但结果更重要。"几乎所有的商业银行都以结果为导向，重视结果，唯有结果才能体现业绩。当然，重视结果没有问题，但轻视过程也就无法得到好结果。如今，许多商业银行管理者发现过程更重要。对过程进行严格管理，才能产生好结果。结果需要考核，过程更需要管理。

3. 从确定目标到分解目标

确定目标，制订计划，是商业银行管理者的基本工作。目标确定了，所有员工同心同力，朝着一个方向奋斗，或许就能实现目标。确定目标之后，有一项重要的工作要做，那就是分解目标。商业银行管理者确定的目标是一个总目标，商业银行所有员工还有属于自己的子目标，这就需要商业银行管理者去分解目标，让每个员工的身上都有任务，责任到人，彻底把目标分配下去。

4. 从业绩统计到即时激励

商业银行是用业绩说话的，业绩是怎么来的？是凭空掉下来的吗？别忘了，世界没有"天上掉馅饼"这回事。业绩，是员工拼搏出来的。如果商业银行的员工没有工作积极性，甚至"摸鱼""躺平"，也就不会产生业绩。想要让员工有干劲儿，就要对员工进行激励，最好还是即时激励，让员工对自己的工作抱有期待，让员工在即时激励的状态中提升自己的工作业绩。

5. 从事后裁判到事中帮扶

什么是事后裁判？事后裁判就是管理者根据结果下结论：应该奖励谁，应该惩罚谁。但是，这样的做法好吗？在笔者看来，每个员工都应该被激励，不应该用最后的结果去裁判所有员工的成绩。管理者是企业组织的"保姆"，他是一个"保驾护航、事中帮扶"的角色，每个商业银行管理者都应该在管理过程中对员工进行事中帮扶。

6. 从网点转型到条块融合

众所周知，金融行业的竞争越来越激烈。许多商业银行转型就是为了提升商业银行的竞争力。但是，商业银行转型并不是简单的事，而"被迫"做出转型极有可能导致失败，这就需要商业银行管理者明白：与其让网点转型，倒不如进行条块融合，提升商业银行的综合服务能力。

7. 从网点管理到三级联动

网点只是商业银行的某个"器官"，而不是整个"身体"。换句话说，商业银行管理者不能总盯着网点管理这一盘棋，还要拿出更多精力做好三级联动。所谓三级联动，就是让总行、分行、支行联动起来，相互协作，资源共享，解决客户需求。商业银行不能仅靠某个"器官"发展，而是要协同、联动，共同发展。

如果商业银行管理者能够发现这些痛点的转移并锁定，想办法解决这些痛点，就能帮助商业银行实现转型。

PART 2

商业银行 532 模式之
营销机制

一、掌握极致服务思维

平安集团董事长马明哲曾表示，金融的天职和宗旨是服务实体经济，要把服务实体经济作为发展着力点，要为实体经济和国家重要战略、重大建设引入"活水"，保驾护航；金融发展必须始终坚持以人民为中心，要强化小微企业、"三农"和乡村振兴等领域金融支持，优化新市民金融服务，有效保障人民群众合法金融权益。如今，许多商业银行都意识到服务的重要性，服务是最好的营销方式，把服务做到极致，就能打开营销局面。笔者记得有一位商业银行行长如是说："商业银行经历了产品时代，现在已经进入服务时代，在金融产品同质化严重的时代，拼服务才是唯一出路！"从产品思维转向服务思维是大势所趋，掌握极致服务思维，才能成功搭建商业银行营销机制。

什么是服务思维呢？服务思维是一种基于服务理念的逻辑思维，

它具有一套标准，还是一种态度，能够通过学习和实践发现，并且掌握。众所周知，海底捞向来以服务闻名，几乎每一座城市，都有海底捞的足迹。有人问："难道海底捞的食材、味道是最好的吗？"其实并不是，但是海底捞的服务能做到极致。当消费者来到海底捞，即使没有座位，海底捞的工作人员也会在等位区提供其他增值服务，如提供茶水、免费美甲等，给消费者带来良好的印象。消费者进店消费，工作人员会微笑着递上热毛巾，甚至还会为过生日的消费者提供生日礼物。这种服务理念印在每一名海底捞工作人员的心里，海底捞的这种极致服务也给许多行业同人带来启发。极致服务，等同于打开一条销售渠道。

老子曾说："道生一，一生二，二生三，三生万物。"在笔者看来，老子的"道法自然"也能应用到服务上。服务也是道，没有服务，一切都是"零"。比如，有客户来银行办理业务，接待客户的工作人员需要认真办理，并且为客户耐心解答各种疑问。客户感受到工作人员的认真和耐心，就会积极配合工作。如果工作人员不耐烦，甚至向客户发脾气，最后只有一种结果：客户取消办理业务，销卡，换一家服务更好的商业银行。换句话说，恶劣的服务伤害了客户。客户是上帝，这是永恒不变的。当然，商业银行也有大量的极致服务的案例，笔者不再一一列举。

什么是服务思维？或许，这是一个十分抽象的概念。用一句话概括，服务思维就是急别人之所急，想别人之所想。服务，是发自内心的，能够换位思考，能够迅速抓住对方的需求，能够用自己的服务满足对方需求。极致的服务，不仅能够满足客户的需求，还能给客户带来超出自身需求的体验。有人说："世界上最昂贵的不是产品，而是服务。"假如银行营销人员长期细心服务客户，客户就会持续购买商业银行提供的产品，转化为忠诚度更高的老客户。有人说："价值取决于客户。"如果商业银行的营销人员提供的服务是超乎客户预期的，客户也会支付与服务价值相匹配的报酬。当然，服务也是一种能力体现，许多商业银行重视服务培训，认为服务是技能，通过相关培训可以提升商业银行工作人员的服务水平和服务意识。

二、创造有生命力的服务品牌

服务并不是功利的，如果商业银行的客户经理把服务当成一种商品，就会带来许多问题。这时候，他们要扪心自问："我们为客户提供服务的目的是什么？只是营销？只是把产品卖掉？"马斯克认为，少花时间在开会和做PPT（PowerPoint）上，公司的价值在于产品和服务。如今，商业银行产品同质化现象严重，拼服务才是"出路"。笔者不止一次提及"服务"二字，是因为服务太重要了。华为总裁任正非在《加强售后服务建设，将服务文化根植在员工和用户心中》里指出：用服中心是块"肥肉"，全世界的服务体系都是"肥肉"。销售会越来越难，而服务的面会越来越宽。如果每年的总销售额达到500亿元时，服务总量就可能达到5000亿元，如果能从5000亿元中收到1%的服务费，那就是50亿元。

服务是企业无形的财产，代表着企业的软实力。可以看到，不同的商业银行都有自己的品牌口号，如初心永恒，伴您同行。这不仅是品牌口号，也是一个服务口号。所谓"初心永恒"，就是初心不变，不会因任何变化而改变初心，客户是上帝，要永远地把客户放在第一位；所谓"伴您同行"，就是陪伴客户，完成历史使命。提出这个口号的银行成立几十年，品牌形象是非常好的，也值得其他商业银行去学习。品牌形象是日积月累的结果，是"初心永恒、伴您同行"的结果。服务是有生命力的，服务能够增强客户的记忆，让客户记住商业银行曾经做过什么。那么，商业银行如何创造有生命力的服务品牌呢？创造有生命力的服务品牌需要做到以下三点（见图3-1）。

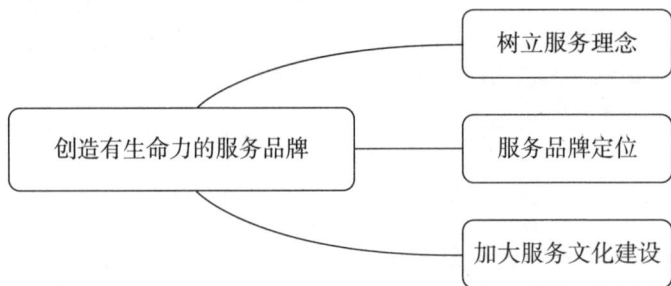

图3-1　创造有生命力的服务品牌

1.树立服务理念

服务理念是一种商家提供服务时所坚持的理念，其作用在于能够满足不同客户的需求。对于商业银行而言，服务是由商业银行的全体职员完成的（包括管理者）；服务还是双向的，在满足客户需求的同时，要满足提供服务的职员的自身需求，因而有了这样一个标准，即提高职员自尊，增强职员满意度，加快自我发展，提高服务灵活性。要树立以客户为本的服务理念，帮助商业银行全体职员加深对服务理念的理解，并且组建服务客户的团队。

2.服务品牌定位

品牌定位是一个十分烦琐的事情。众所周知，品牌定位有几个维度，如价格定位、市场定位、形象定位、客户定位、渠道定位等。服务品牌定位有两大核心内容，即服务对象和服务目的。首先，服务品牌定位要求商业银行把服务对象研究明白，为服务对象画像，了解服务对象的需求，然后形成战略；其次，确定服务目的，是将潜在客户转化为现实客户，还是将短期客户发展为长期客户，抑或其他。服务品牌定位能够给商业银行带来好处，如为商业银行带来法律保护、协助市场部进行营销、帮助商业银行提升形象、提升商业银行市场竞争力等。

3.加大服务文化建设

服务文化是服务客户过程中所形成的服务理念、职业理念、服务价值总和。服务不仅有公益性，还有时间性、群体性和影响性。一些商业银行十分重视服务文化建设，通过相关培训、教育，将这种具有独特品牌价值的服务文化传播给每一名员工，让其在服务客户过程中传递服务文化，让客户感受到商业银行的服务文化。服务文化需要商业银行积极推广，并且结合当下的先进科技技术，与时俱进，将服务具体化、形象化。服务文化的打造与传播，是创造服务品牌的最后一环，也是最重要一环。

服务是有生命力的，能够随时间延伸逐渐积累，形成品牌。品牌具有极大的消费者号召力，商业银行创造服务品牌的目的也是吸引客户，让客户选择令自己放心的合作伙伴。

三、打造极致服务团队

当今时代已经不是一个单打独斗的时代，而是一个团体作战的时代。毕竟，一个人的能量是有限的，团队的能量大于个人的能量。商业银行是一个集体，也是一个团队。商业银行能够打造出极致服务团队，树立服务意识和团队意识，始终把客户放在第一位，就能做好服务，创造商业银行服务品牌和打造企业品牌。商业银行管理者打造极致服务团队，需要做到以下几点（见图3-2）。

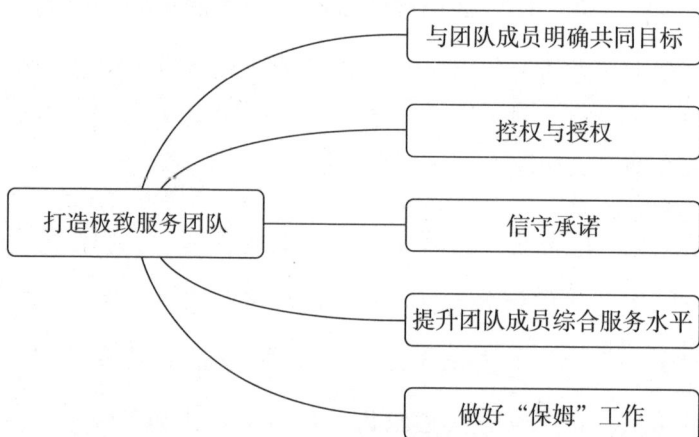

图3-2　打造极致服务团队

1. 与团队成员明确共同目标

目标是前行的动力，也是打造极致服务团队的基础。商业银行管理者与员工要有共同的目标，共同的愿景，如果目标不一致，就无法打造服务团队。因此，商业银行管理者需要亲力亲为，主动邀请其他员工加入极致服务团队，共同设定目标，分解目标，积极沟通，把自己的团队成员当成自己的服务对象。有了共同目标，还要有绩效。服务客户的目的是营销，营销客户、创造效益是商业银行发展的动力。但是，商业银行管理者决不能当一个独裁者，要当一个民主的管理者，邀请团队成员共同商议决策，提升团队凝聚力，让团队成员拧成一股绳。

2. 控权与授权

一名优秀的商业银行管理者一定是位"平衡大师"，他既能把"决策权"控制在自己手里，确保团队管理的权威性，又能把相关权限开放给团队成员，让团队成员独立完成相关业务。如果一名商业银行管理者坐拥重权，而不舍得授权给其他成员，最终的结果则是把自己累坏，团队也无法形成战斗力。通用电气前首席执行官杰克·韦尔奇表示：管得少，就是管得好。管得少并不意味着放任不管，而是逐步放权，让团队成员亲自上阵。商业银行管理者还可以借助晨会下达任务指标，利用夕会完成总结，一放一收，张弛有度。

3. 信守承诺

笔者曾经听过一个关于遵守承诺的故事。某企业老板打造新营销中心，并承诺只要营销成绩达到预期，就将利润的10%作为奖金进行奖励。但是，这家企业并没有赚到钱（市场因素），新营销中心的团队成员付出了很多心血。在这种情况下，这家企业老板依旧坚持承诺，从自己的私人银行卡里取出100万元对新营销中心的团队成员进行奖励。有成员问："老板，我们没有完成任务，为什么还要奖励？"这位老板说："你们的工作态度早就超出了预期，只是市场瞬息万变，是你们无法控制的。"这位老板信守承诺，随后市场转暖，新营销中心为这家企业创造了巨大利润。

4. 提升团队成员综合服务水平

既然是打造极致服务团队，就离不开"服务"二字。服务是商业银行发展的基石，服务是一种文化，更是一种企业软实力；服务是高尚的，是一种艺术，还是一种营销方式。作为商业银行管理者，无论是组织学习还是培训，一定要想办法提升团队成员的综合服务水平。除此之外，商业银行管理者要不断提升自身素质，尤其是服务方面的素质。只有自己做好了，团队成员才能做好；只有自己做到了，团队成员才能做到。

5. 做好"保姆"工作

一名优秀的商业银行管理者，不仅是管理者，还是导师和"保姆"。笔者记得有一位商业银行行长说："在银行，我不是行长，我是'保姆'，我为我的团队成员保驾护航，让他们放下负担，轻装上阵，我为他们打扫'战场'。"这家商业银行的业绩非常好，团队中的多个成员获得"服务之星"的称号。商业银行管理者为团队成员提供服务，团队成员为客户提供服务，这种"服务传递"也是"价值传递"，只有这样，商业银行才能打造极致服务团队。

商业银行管理者还要帮助团队成员树立自信，给他们"家庭关怀"，做他们的"大家长"，为他们创造机会，并且为团队扫除种种障碍。

四、用极致服务化解危机

商业银行都有理财业务，这是商业银行的重要业务之一。理财，是人们生活中必不可少的部分。一位长期购买银行理财的客户说："当下投资环境不好，如果只是单纯把钱放进股市，或者投资某个项目，极有可能亏本。有智慧的投资方式就是把鸡蛋放进不同的篮子里，有股票和债券，有银行理财，有保险……当然，我也会存银行定期，尤其是三年以上的定期。"也有人问："通货膨胀，货币贬值，银行理财的收益不高，为什么还要购买？"低收益意味着低风险。在当前这样的经济环境下，低风险却能保障收益的银行理财业务是值得投资者关注的。然而，商业银行的服务人员的业务素养存在参差不齐的现象，投资者与商业银行之间也会产生矛盾。

刘某是商业银行理财部经理，她有着非常高的职业素养，并且有着非常高的服务水准。做事严谨，态度认真，同时能换位思考，为客户争取权益。有一年，刘某所在的商业银行来了一位不速之客，这位客户非常生气，气冲冲地去了理财部拍桌子道："你们商业银行的理财产品简直就是'骗子产品'，收益与你们所说的相去甚远，赶紧给我退钱！"看到这一幕，刘某笑脸相迎，询问客户："我是理财部经理，有什么事我可以帮你吗？"客户说："让你们理财部的王××出来，让他给我办理退钱。如果你们不退钱，我就找行长投诉；行长不受理，我就去金融监管总局投诉！"此时，刘某并没有生气，而是给客户倒了一杯茶水，安抚客户的情绪，并且对客户说："王××已经辞职了，但是他的客户就是我的客户。"经过刘某耐心解释和沟通，客户渐渐冷静下来，并且逐渐接受刘某的建议，没有选择退款，而是选择继续"观望"。刘某说："有时候，我们的业务经理没有对客户解释明白，就会产生矛盾。如果发生了冲突，我们更要耐心解释，还要换位思考，确保客户利益。客户是我们的'衣食父母'，没有客户，也就没有商业银行，没有商业银行，我们也就失业了。当然，作为一名银行人，也要坚持原则，在合规条件下努力协调，让客户收益最大化，防止矛盾升级，这才是我们银行人需要做的。"

这是一个真实的案例，银行理财经理借助自己的职业素养和极致的服务化解了危机。如果危机得不到解除，我们将会看到一帧帧"危机画面"：客户要求退款，或者客户投诉；失去一名客户，甚至是大客户，进而间接失去许多客户；服务不到位，给商业银行带来较大的负面影响；商业银行员工业务素养差，能力不够，甚至存在"欺骗客户"的嫌疑……总之，当这些危机一个一个冒出，再采取危机公关也难以解决问题。商业银行需要一个作战顽强的营销队伍，队伍成员不仅要有过硬的本事，还要有服务精神，并且把服务做到极致，敢于奉献。除此之外，队伍成员要有"危机公关"的意识，能够在危机产生之前，启动"灭火器"，安抚客户情绪，向客户展示专业、健康、积极、乐观的银行人形象。学会换位思考，急客户之所急，用服务化解危机，让客户感受到银行人的真诚。心理学家阿德勒指出：奉献乃是生活的真实意义。假如我们在今日检视我们从祖先手里接下来的遗物，我们将会看到什么？他们留下来的东西，都是他们对人类生活的贡献。服务是一种奉献，服务是高尚的，服务具有一种"传导"属性，能够改变客户的看法，并且消灭客户身上的怒火。极致服务，意味着商业银行对客户全心全意。极致服务是一种危机公关，它需要商业银行工作人员有着清醒的头脑，用自己的高情商巧妙化解客户与商业银行之间的矛盾和危机，做好营销工作。

五、打造极致服务精神

前面笔者讲到服务意识以及服务的重要性。服务，是商业银行发展的根基，服务好的商业银行，绝大多数有着较好的口碑和效益。严格意义上讲，商业银行是金融服务行业，既有金融属性，又要为客户提供安全、便利、个性化的服务。有人认为：银行业是现代服务业的重要组成部分。服务好经济社会发展和广大金融消费者，是银行业的神圣职责。服务是一种极其宝贵的精神，尤其在现代社会，商业银行工作人员身上的服务精神，更是难能可贵。也有人站起来反对："只有相互尊重，才能产生服务，否则，我们不会服务那些不尊重我们的客户！"其实，这个反对也是对的。在"人"的社会里，有好人，也有坏人。有尊重人的人，也有不尊重人的人。对于一名商业银行工作人员而言，"察言观色"是很重要的。

在这里，笔者介绍一下服务精神的定义。什么是服务精神呢？"服务精神"是社会学名词，互联网上给出的答案是："服务精神是指为某种事业、集体、他人工作的思想意识和心理状态。具有服务精神的人有帮助或服务客户的愿望以满足他们的要求，即专注于如何发现并满足客户的需求。判别方法是：这人是否能设身处地为顾客着想、行事。"服务精神是一种职业精神。笔者记得有这样一个银行小故事。

　　有一位老人去某商业银行办理取款业务，该银行柜员发现这位老人携带的银行卡与对账簿上的银行卡号完全不同，而且老人手持的银行卡是一张过期的无效卡。老人急需用钱，简直急坏了。这时，大堂经理走过来，给老人倒了一杯热水，然后扶着老人去大厅里的座位上休息，询问老人："老人家，您是不是走得急，拿错了卡？"老人年纪大了，向大堂经理说："人老了，脑子不好使了，我也想不起到底怎么回事儿。"经过查询，对账簿上对应的银行卡是退休工资卡。此时，大堂经理微笑着对老人说："老人家，别担心！您带着身份证吗？"老人说："带着身份证！"大堂经理说："如果您带着身份证，我们马上为您补办一张新卡，然后签订一个协议，将旧卡上的钱转到新卡上就好……像您这样的，遗失卡的情况很常见，我的父母也这样补办过！只是，您千万不要把银行卡的卡号、密码泄露给其他人。只要有银行密码保护，银行卡的账户就是安全的。"在大堂经理的耐心解释下，老人终于松了一口气。随后，大堂经理委托柜员帮助老人办理了相关手续，补发了新卡。拿到新卡的老人非常开心，并且写了一封"赞美信"给商业银行："这家银行的服务好，以后所有的业务都在这里办理！"

这样的故事比比皆是，服务需要体现人性，更要凸显细节。或许，一句话、一杯水、一个微笑，就能给客户带来舒心、愉悦的感觉。银行工作人员要尽可能地提供客户所需要的服务，尽可能地满足客户的需求。许多老年客户不会操作网点里的智能金融设备，或者不懂得安装相关银行金融App，银行大堂经理和相关工作人员会耐心地帮助他们完成取款、存款或者理财等相关业务，体现了服务精神。如今，骗子很多，许多老年人上当受骗，细心的商业银行工作人员（尤其是柜员）感受到自己的客户即将被骗时，便会阻止，有时会协助警方对客户解释，防止客户被骗。除此之外，许多商业银行也有上门服务，尤其针对那些腿脚不便的客户，为他们上门办理业务，同样是一种服务精神的体现。服务是没有止境的，服务需要贯穿整个银行经营流程，才能形成服务品牌。只有打造极致的服务精神，商业银行才能延续自己的生命。

第四章

三量掘金

一、打造存量阵地

古人云："皮之不存，毛将焉附。"如果没有了皮，哪还有毛的存在？如果一家商业银行没有一分钱的存款，如何才能开展业务？曾经有银行人说："我们可以多开展信用卡业务，让持卡人消费，然后让持卡人还款，这样还有结余。"以中国人民银行为例，数据显示，截至2023年第二季度末，信用卡和借贷合一卡在用发卡数量7.86亿张，与去年同期相比减少2100万张。也就是说，商业银行单纯凭借信用卡产品维持运转是不行的。我国人均持卡量大大少于欧美国家的人均持卡量。在商业银行应收风险逐渐加大的情况下，打造存量阵地才是明智之举。

也有银行人说："现在拉存款太难了，几乎很少有人存款了，尤其是'90后''00后'的年轻人，很多是月光族，存款阵地如何打造？"其实，除了这些月光族，还有大量存款客户，这些客户既有既往的老客户，也有有存款意识的企业客户。

  一位商业银行的业务经理每天早晨都会去见自己的大客户，尤其是企业客户，他用这样的方式维护客户关系。他并不会每一次都能有收获，但是有一位企业客户法人是这样评价他的："他的服务非常热情，有一种真正意义上的银行人的精神，吃苦耐劳，能够把服务做到极致。既然如此，为什么我们企业不能把钱存进他所在的银行呢？我们企业也会觉得安全。"这位业务经理深知服务的重要性，而且更加深知银行打造存款阵营的重要性，没有存款，就是"皮之不存，毛将焉附"，没有银行存款这张"皮"，什么样的业务都会停止。他的服务意识和打造存量阵地的意识也让他所在的银行有了稳定发展。

  这样的故事还有很多，笔者就不一一讲述了。也有人问，如何才能打造存量阵地呢？如果总结一下，包括以下三个方面（见图4-1）。

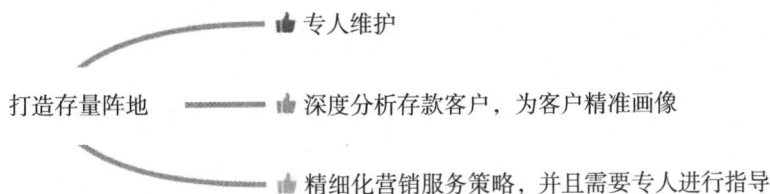

图4-1　打造存量阵地

1. 专人维护

专人维护很重要。许多商业银行缺少这样的人，更缺少上面故事中的那种有打造存量阵地意识的人。无论如何，专人维护，让存款人暖心，存款人才会把钱继续放进银行。在我国，许多企业、退休老人以及中高收入者仍会存款，而且是存款的"主力军"，专人维护这些客户，让他们持续、长期存款，存量阵地才能慢慢形成，商业银行的"资金池"才会慢慢充盈起来。

2. 深度分析存款客户，为客户精准画像

不久前笔者与一位商业银行的大客户经理交流心得，谈及银行现状，他叹了口气说："一到月底，存款账户余额不达标，我们的行长就头疼。"其实，许多传统的商业银行管理者都有这样一个习惯：只看结果，不看过程。在一些优秀商业银行的管理思维中，不难发现，重视过程，重视分析，才能得到好结果。因此，商业银行的管理者不要总盯着存款余额，要对存款客户进行精准画像，分析他们的存款习惯和存款目的，然后进行有效服务，提升他们的存款兴趣，更要分析潜在的存款客户，然后用策略去拉这些潜在客户的存款。

3. 精细化营销服务策略，并且需要专人进行指导

许多商业银行的营销服务策略是粗放型的，甚至没有形成营销系统。例如，一名新来的银行客户经理，领导只给他一个片区和一些客户资料，他就出去"跑客户"了。如果这样的营销服务也叫策略的话，恐怕这位客户经理很难做好自己的本职工作。商业银行首先要有一套精细化、科学化、可持续化、可量化的营销体系，并且要有自己的专家队伍对营销队伍进行指导，也要告诉客户银行存款的

意义和价值在哪里，只有这样，才能打造存量阵地，让新老客户进一步存款。

如果我们的商业银行和商业银行从业者做好上述三点，培养打造存量阵地的意识，提升服务质量，就能解决存款难题。

二、挖掘增量资源

曾经有一位商业银行行长拍着自己的脑袋说："现在的工作真是越来越难做，尤其是商业银行的存款业务。首先，各个商业银行之间的竞争越来越激烈，内卷现象严重；其次，个别商业银行的工作人员，尤其是业务经理讨厌自己的工作，态度消极，甚至跟客户之间存在矛盾；最后，老客户减少，新客户也没有增加……长此以往，商业银行陷入一种恶性循环。"是啊，商业银行是可以"破产"的。对于商业银行而言，维护老客户、打造存量阵地是一个方面，优化客户资源、精准服务客户又是一个方面。除此之外，要考虑挖掘增量资源，思考为什么没有产生增量客户。笔者认为可能存在以下三个问题（见图4-2），如果这三个问题得不到解决，会给商业银行经营管理带来更严重的后果。

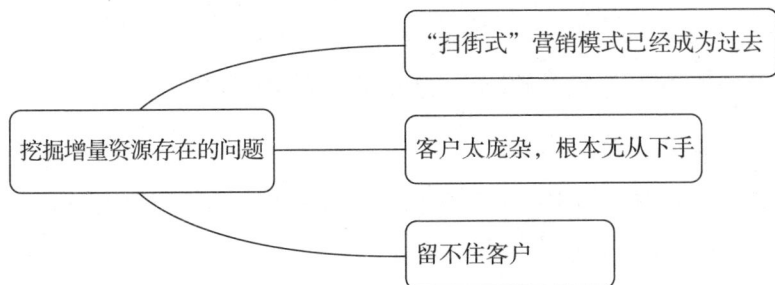

图4-2　挖掘增量资源存在的问题

挖掘增量资源存在的问题
- "扫街式"营销模式已经成为过去
- 客户太庞杂，根本无从下手
- 留不住客户

1. "扫街"式营销模式已经成为过去

过去，一些商业银行采取的"揽储"方式就是"扫街"。领导告诉业务经理，某个园区有很多潜在客户群体，你去"扫街"吧。其实，一个园区经常被各种商业银行的工作人员"扫街"，银行客户经理讨厌"扫街"，潜在的客户群体更加讨厌。有位被多次"扫街"的客户说："如果我想去存款，我自己跑一趟银行不就行了？"银行客户经理也跑得灰心丧气，甚至放弃了银行工作，选择另一份工作。所以，一定要记住，这样的营销模式已经过时了，商业银行的管理者和客户经理一定要对片区内的客户群体进行分析，打造一个"金融生态圈"，而不是重复地用"扫街"的方式营销客户，这样不仅遭到客户厌烦，还让银行客户经理失去自信，即便是跑断了腿也没有业绩。精准营销不是"泛泛而谈"，而是有一套科学营销体系。要杜绝这种"扫街"式营销，先对客户群体进行分析，再进行精准营销、外拓营销。

2. 客户太庞杂，根本无从下手

"客户太多，过于庞杂，根本无从下手"这句话出自一名基层银行业务经理之口，仅一座商务楼里就有很多公司，他要从哪一家下手呢？这也是困扰商业银行其他从业者的一个老大难问题。其实，商业银行都有自己的存量客户，所谓存量客户，就是储蓄户。基于储蓄户，在维护这些存量客户的同时，提升客户黏性和亲密度。客户是最好的业务经理，客户黏性提升了，客户也会为商业银行转介绍其他客户，扩大营销范围。有一位从事保险营销工作的金牌销售员说："我没有在公司团队，但我也有'团队'，我的'团队'是我的优质客户群体，我的保险单绝大多数都是他们转介绍来的。我所做的一切工作，就是让他们变成我的朋友和亲密的合作伙伴。"话很简单，但是这项基础工作要"扑下身子"去做，否则很难做好。

3. 留不住客户

许多客户是不确定的客户，是游移不定的客户，看到哪家银行的存款利息高、服务条件好，就会在哪家银行办业务，客户会基于自己的价值要求和投资喜好选择商业银行。因此，"请进来、留不住"的问题也就产生了。商业银行的管理者要居安思危，打造客户价值链条，丰富增量资源产品，提升服务质量，用这种方式去引流，让客户意识到自家商业银行的价值体系更加符合客户的价值需求，才能留住客户，甚至从广泛的人群中增加客户数量，提升增量客户的价值转换率。

如果解决这三个"老大难"问题，困扰商业银行的增量难题也就顺利解决了。挖掘增量资源，打造存量阵地是同时进行的，不是分开进行的，当然还要创建流量基地，才能更好完成社会赋予商业银行的使命，提升商业银行的市场竞争力。

三、创建流量基地

诸多商业银行面临着一个巨大的挑战，即运营成本高、客户流量低。传统的商业银行开拓流量的方式，基本靠开设新网点，利用网点的地理优势拉客户。但是，当下的金融环境，几乎不允许商业银行延续这种打造传统流量池的模式。随着金融技术的发展，客户从线下走到了线上，增设网点的方法已经过时。许多年轻人办理银行业务，只通过线上 App。中国金融已经进入"新常态"，这也给商业银行管理者提出几个新问题：如何利用新技术搭建互联网流量池？如何做大营销团队和服务团队，为客户提供更好的服务？如何重塑金融新生态，吸引客户参与商业银行的共同建设？如何提升商业银行的管理、运营效率？如何构建科学的现代化金融管理体系？如何提升风控能力？如何提升商业银行的商业价值和品牌价值？只有这些问题得到妥善解决，商业银行才可能真正走出"低效率、低流量"的泥潭。但是无论如何，商业银行的头等问题需要得到解决。那么商业银行如何解决流量问题，如何创建流量基地？在一个流量为王的时代，流量意味着价值和财富。换句话说，流量就是金钱。马化腾在《超级连接》一书中指出：中国传统零售企业对数字化转型的需求正在与日俱增。尽管诉求多样，但大家的主要痛点可以归拢为——一是与顾客沟通局限在门店内，手段单一，场景单一，用户体验不连续，店家也无法感知和满足用户的多元需求；二是在传统渠道遭遇流量瓶颈的环境下，如何实现有忠诚度、有黏性的客户增长，这是传统零售业的卡脖子问题、老大难问题；三是在传统管理模式下，不同渠道和业态之间的数据不融通，零售企业内部运营机制被切成一个个片段，无法直接联通，往往凭经验感觉而非数据做出经营决策，造成整体的低效率。其实，马化腾提到的这三个痛点也是诸多商业银行所面临的三个痛点。那么，商业银行该如何直面痛点，创建流量基地呢？创建流量基地要做到以下几点（见图4-3）。

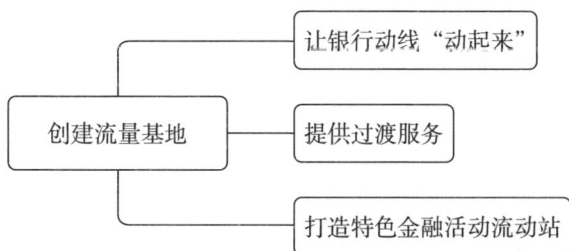

图4-3 创建流量基地

1.让银行动线"动起来"

商业银行有两条动线：基础客户动线与中高端客户动线。虽然诸多商业银行在陆陆续续减少自己的网点布局，但需要利用网点激活"动线"，科学合理规划动线，继而形成有效的、温馨的营销氛围，推动网点营销。有人说："网点是商业银行的一张名片，而动线则是名片上的服务电话。"国内有诸多成功案例，比如，中国民生银行昆明分行打造"智能动线"，对业务动线进行功能划分——智能区域动线、理财区域动线、服务区域动线，利用金融科技技术方便客户办理业务，起到了非常好的引流效果。

2.提供过渡服务

中国有句俗语："一个萝卜一个坑。"商业银行的"人岗设置"也是如此，不论是因岗设人还是因人设岗，岗位与岗位、业务与业务存在某种区隔。客户来银行办理业务，某个工作人员因权限问题不能单独完成办理，需要"跨柜台"，在这种情况下，商业银行应该适当推出过渡服务业务，方便业务办理，提高服务效率和业务办理效率。笔者曾在商业银行营业网点看到，某个客户办理业务，一个简单的业务需要多人操作，效率低，办理时间长。时间是宝贵的，时间就是金钱。提供过渡服务，也能间接提高商业银行的运营效率，为客户节省时间，缩短服务流程，吸引更多潜在客户办理业务。

3.打造特色金融活动流动站

什么是金融活动流动站？其实，流动站的最大特点是不限于某个区域、某个场所。许多商业银行常常选择不同的地点进行联动金融活动，这些经常移动的金融活动场所就是金融活动流动站。商业银行完全可以借助外拓营销、银商联动等活动，打造出具有特色的金融活动流动站，为前来参加活动的老客户和潜在客户提供相关服务。所谓有特色，就是要求商业银行在打造金融活动流动站的时候提供的金融产品和金融服务是有特色的，是极具个性化的，只有这样，特色金融活动流动站才能吸引更多的潜在客户办理金融业务。

除了上述三种方法，还有一些方法可供借鉴，因内容有限不再赘述。商业银行管理者也可以把金融网点打造成微沙龙基地，持续引流获客。

一、需求至上，挖掘客户需求

美国心理学家马斯洛提出了马斯洛需求层次理论，将需求分为生理需求、安全需求、社交需求、尊重需求、自我实现需求。每个人都有不同的需求，有的人有贷款的需求，有的人有存款的需求，有的人有理财的需求，等等。

以前，商业银行的营销模式是传统的，客户需要什么业务，商业银行客户经理就为客户办理什么业务。但是，传统营销模式太过于传统，已经无法适应时代要求。如今，年轻客户逐渐成为商业银行的主要客户，这类客户的需求与老年群体的需求有所不同，对商业银行提供的产品服务也有更高的要求。商业银行除了一对一营销服务，还有批量营销服务，即一对多营销服务。当然也有人问："一对一营销方式能否直接嫁接到批量营销服务中？"其实，它们的基本原则是相同的，步骤也有相似之处，只不过，批量营销服务与一对一营销服务相比更需要设置营销场景，才能实现批量营销成交率的转化。那么，如何才能精准挖掘批量营销潜在客户群体的需求呢？笔者根据某商业银行的具体做法进行全面分析。

某商业银行开展批量营销业务，尤其是信用卡批量营销业务。这家商业银行是怎么做的呢？

首先，这家商业银行对存量客户和潜在客户进行分层归类，明确哪些客户是存款客户，哪些客户是贷款客户，哪些客户是信用卡客户，对客户进行标签化处理。这家银行同时拥有"大数据"运算能力，对不同的客户群体进行分析。例如，该商业银行分析到某大型企业的部分员工有信用卡需求，于是派信用卡部经理与该企业管理人员进行接触洽谈，计划打造批量营销场景，对企业内的个人客户（包括潜在客户）进行批量营销。

其次，打造批量营销场景。企业发布公告，许多潜在的客户（包括现在已使用信用卡的客户）按照约定时间去往该商业银行的批量营销场所。该商业银行在营销场所提前打造好营销场景，并且采取新营销模式，如嵌入信用卡满减活动，持卡人可以持该商业银行信用卡去"商业银行联盟商业合作伙伴"的商户进行消费，获得消费"满减"优惠。有人问："如何精准挖掘到客户的这种消费习惯？"答案是大数据分析。大数据可以精准分析出客户的消费习惯，针对客户的消费习惯提供精准服务，精准挖掘客户需求。这家商业银行通过批量营销、打造批量营销场景的方式成功营销客户上万名，发放信用卡上万张，并且根据不同的客户需求提供不同的增值服务。

最后，提供客户关怀服务。客户关怀是非常重要的一个环节，要把客户当作亲人、朋友，如果只是为了业绩而营销，客户也能感觉出来。客户关怀是深挖客户需求的方式，客户感到温暖，也会把潜在的需求说出来，这样的需求可能就会促成商业银行的一笔业务。客户关怀有许多种方式，如客户过生日送一份小礼物或者发送一条温暖的祝福短信等。

通过上述三种形式，这家商业银行在挖掘客户需求、批量营销客户的工作中取得了不错成绩。当然，不同的商业银行有不同的挖掘客户需求的方式，做好批量营销的前提是，精准挖掘客户需求。

二、批量营销之小微客户开发

我国已经进入微经济时代。许多年轻人选择创业，成为"创客"，自力更生，打造属于自己的一片天地。

一个年轻人姓张，大学毕业之后去某城市工作了三年，经历过诸多人生起伏，后来选择回老家创业。张某的父亲是一位茶农，以卖茶青为生，利润薄，很辛苦。张某不打算继续走父亲的老路，他把自家茶厂的茶叶加工成茶饼，然后注册品牌，自己做品牌营销。后来，张某还在北方某座城市的茶叶市场租赁了一个门面房，开了人生第一家茶叶店。北方某城市的茶叶市场个体户非常多，仅这样一个茶叶市场，就有300多家商户，这些商户都属于小微客户。那么，商业银行该如何批量营销这些较为集中的小微客户呢？具体做法如图5-1所示。

1.获取小微客户名单

以前，商业银行管理者派客户经理去产业园区、商区等区域跑市

```
                    ┌─────────────────────────┐
                ┌───│   获取小微客户名单        │
                │   └─────────────────────────┘
                │   ┌─────────────────────────┐
                ├───│  建立和完善小微客户数据库  │
                │   └─────────────────────────┘
  ┌──────────┐  │   ┌─────────────────────────┐
  │批量营销小微│──┼───│   确定小微客户群体        │
  │   客户   │  │   └─────────────────────────┘
  └──────────┘  │   ┌──────────────────────────────────┐
                ├───│ 对小微客户进行分类，设定多种方案和金融套餐 │
                │   └──────────────────────────────────┘
                │   ┌──────────────────────────────────┐
                └───│ 加大批量营销力度，促进营销成果转化       │
                    └──────────────────────────────────┘
```

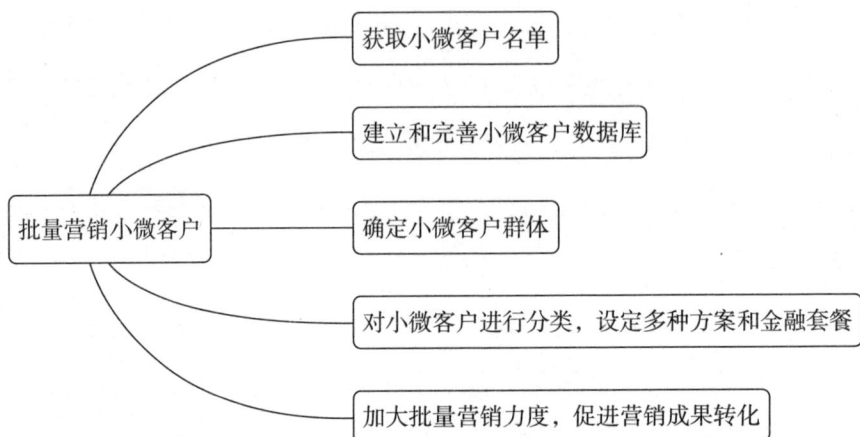

图5-1　批量营销小微客户

场，了解每个小微客户的相关信息。但是，这种"跑断腿"的做法不仅无法提升业绩，还会让小微客户感到厌烦。因此，商业银行应该加强与政府部门合作，打造"银政合作平台"，通过平台获取小微客户名单，并且对小微客户名单进行筛选。有人问："为什么要进行筛选？"因为并不是所有的小微客户都是守信客户，也有一部分失信客户，筛选客户名单的目的在于降低商业银行的经营风险。

2.建立和完善小微客户数据库

获取名单后，建立小微客户数据库，针对潜在的小微客户群体，商业银行应该通过"走访"的形式具体了解小微客户群体的现状，如经营状况、需求特征、经营年限、年营业额等，并将这些信息录入进客户数据库里进行完善，再对小微客户进行画像、分析。

3.确定小微客户群体

国内营销专家孟昭春曾表示，无论销售什么产品，都应该先根据产品的性能来找出客户的范围，明确销售对象属于哪一类消费群体。如果这些数据都弄清楚了，就可以根据这些客户的特点和属性初步拟订拜访计划。确定"有价值"的小微客户群体是营销转化的关键，找到这些小微客户，然后再去拜访他们。

4. 对小微客户进行分类，设定多种方案和金融套餐

小微客户有很多，并不是所有的小微客户都会选择同一种金融服务或金融产品。有的小微客户有贷款需求，有的小微客户有存款需求和理财需求，还有的小微客户既有融资需求也有其他金融服务的需求，商业银行需要对小微客户群体进行分类，有效满足客户的多样化需求，精准营销小微客户。

5. 加大批量营销力度，促进营销成果转化

商业领域里有这样一句话："成交大于一切！"批量营销也是如此。商业银行要加大批量营销力度，用最好的服务、最好的产品打动客户，让客户感受到商业银行提供的"金融价值"符合自己的需求。地区商业银行支行要把批量营销小微客户的任务下达到每个网点，每个网点在自己的片区内开展批量营销小微客户的活动，打造个性化的营销场景，为小微客户提供银行信贷业务、结算业务、中间业务等金融业务。

除了上述五点，开发小微客户还要把风险控制放在关键位置上。商业银行设置专人进行风险调查和风险防控，并且联合相关部门或者与相关行业进行合作，搭建平台，成立"小微客户金融工厂"，将金融服务和批量营销科学化、流程化、规模化，才能在降低风险的同时完成小微客户群体的开发与营销。

三、批量营销之公私联动

商业银行是企业，因此是以盈利为目的的。如果商业银行没有盈利，甚至亏损，其也会像企业那样破产。商业银行必须找到一条属于自己的发展之路。如今，商业银行之间的竞争十分激烈。同一座城市，不仅有国家知名银行网点，也有地方商业银行的存在。但是，这座城市的资源是有限的，甚至可以用"僧多肉少"来形容。为了抢占市场，抢夺客户，不同的商业银行有不同的对策，尤其在营销方面下足了功夫。现代营销学奠基人西奥多·莱维特认为，市场营销观念为明确目标市场、客户需求，协调市场营销，通过满足消费者需求来创造利润。科学营销、创造利润是商业银行的使命，营销的方式有很多，无论是外拓营销还是联动营销，都可以为商业银行带来收益。但是，也有一些商业银行在做联动营销的时候收效甚微，这是为什么呢？

有一个商业银行营业网点收到上级银行下达的指令，要求网点开展联动营销活动。接到指令之后，该商业银行营业网点管理者向业务部下达任务，要求企业业务部与个人业务部联合行动，下周一开始进园区进行联动营销。周一，企业业务部联系园区，由园区提供营销场地，并让园区提供潜在的客户名单，然后集体业务由个人业务部完成。经过这样的简单分工，联动营销就开始了。营销活动以"促销活动"为主。营销当天，商业银行营业网点准备了不少礼品，只要签单，就会有礼品赠送。但是几天营销，并没有起效果，签单客户少得可怜。参与该联动营销的人员无不气馁，该商业银行营业网点管理者只能"敷衍上报",这样一场"雷声大、雨点小"的联动营销就草草收工了。

其实,真正的公私联动营销需要两个部门相互配合、相互信任、相互补台、相互成全。这样才能把公私联动营销做好。如何做好公私联动营销呢?有以下两个方面(见图5-2)。

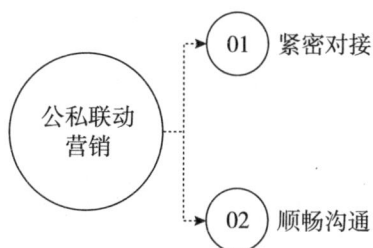

图5-2 公私联动营销

1.紧密对接

很多失败的公私联动营销案例说明了一个情况:对接不紧密的联动,就会失败。通常来讲,商业银行有两种业务:对公业务和个人业务。商业银行的对公业务常常包含个人业务。有人说:"在银行办理对公业务和个人业务的人,往往是同一个人。"这是为什么呢?某企业财务总监需要办理企业综合业务,与此同时,企业内的所有员工的个人业务由他代办,如给所有员工办理工资卡或医保卡。只有对公业务资源与个人业务资源紧密对接在一起,才能产生联动营销效果。

2.顺畅沟通

很多公私联动营销失败都由于沟通不畅。通常来讲,商业银行业务部门之间几乎没有交流,各有各的业务,两个部门对彼此的业务不熟悉，甚至处于交流闭塞状态。因此，商业银行应该打破这个壁垒，为部门之间制造交流机会。有位商业银行行长说："对公业务是业务，对私业务也是业务，既然都是业务，那就没有太大区别，都是为客户提供服务。我们银行的'业务培训'，不会把两个团队分开，而是让团队成员共同出现在一堂培训课上，并且给他们提供沟通交流的机会。打破交流壁垒，让他们打成一片，即使在一起做营销活动，也能相互借鉴、相互学习、相互配合，把更好的服务带给客户。"

中国社会科学院 MBA 导师穆晓军表示，公私联动有助于增强客户黏性，建立长期稳定的合作关系。开展公私联动有利于银行整合共享资源，深入挖掘每一个客户全方位、多层次的金融需求，为客户提供一站式的综合服务。因此，公私联动营销是批量营销的方式之一。公私联动营销还能降低营销成本，并且能够为商业银行批量获客。

四、批量营销之银商互动

在"营销为王"的时代，做好营销才是最重要的。随着时代发展，商业银行已经变成营销服务公司，通过销售金融产品创造效益。许多商业银行在相互竞争有限的市场资源，产品、服务同质化严重，只能不断降低利润，到最后，杀敌一千，自损八百。有人问："为什么会这样？难道就找不到解决问题的办法吗？"解决问题的办法千千万，其中一个就是银商互动，也就是商业银行和商圈或商会进行合作，精准锁定批量客户，进行批量营销。某地方农商银行通过银商互动的形式开展批量营销，取得了成功。这家地方农商银行是怎样做的呢？

该地方农商银行为了推动地方商圈发展，组织开展了一场银商互动的批量营销客户活动。该地方农商银行锁定了该地区的一条美食街，美食街拥有数以百计的潜在客户，这些潜在客户的生意好坏直接决定商圈未来的发展。该地方农商银行行长表示，形成银商联动，帮助商圈发展，是农商银行的责任，更是给农商银行发展提供机会。当今时代是一个"互惠共享"的时代，只有形成紧密合作，为客户提供优惠服务和个性化的商品，才能实现"双赢"。这家地方农商银行银商互动步骤如下。

第一步，对接商圈管理部门。该地方美食街由街道办和社区管理，为了共同打造银商商圈，该农商银行直接与美食街所在的街道办和社区对接，形成了银商互动圈，并签订了相关合作协议。街道办和社区的管理人员配合农商银行工作人员进行走访，了解美食街商户现状，然后进行资料整理和统计。

第二步，组织学习。该农商银行组织全员学习，也就是银行里的每一名员工都要学习营销技术，尤其是批量营销技术，无论谁上阵，都是销售精英和农商银行的中流砥柱。为此，该农商银行聘请高级金融培训师对员工全面培训，提升他们的营销技能和金融管理能力，让他们能熟练运用所学知识服务未来的客户。

第三步，筛选客户。并不是美食街上的所有客户，都是农商银行所服务的客户。流量大、生意好的商户，是该农商银行优先选择的；生意差、流量较小的摊位，需要进一步了解、沟通。通过筛选客户，精准锁定客户，并且对有意向的客户现场办理业务，该农商银行打造一站式服务。

第四步，上门服务，与客户协商，让客户使用银商收款码。该农商银行通过走访上门，帮助商圈客户开展活动，答疑解惑；该农商银行通过银商收款码产品实现存款、电子银行业务拓展。

通过银商互动的活动，该农商银行在美食街成功完成102单业务，并且有87家美食街商户与该农商银行签订长期合作协议。

这个成功案例值得众多商业银行去借鉴、学习，商业银行管理者也可以互相交流，分享自己的成功经验。银商互动的方法有很多，但是商业银行所选定的客户，一定是有能量、资源的客户。只有这样的客户，才能带动商业银行发展。

五、批量营销之渠道拉动

在商业银行里没有渠道，或者渠道过于狭窄，也就很难做好业务。传统商业银行的营销渠道获客方式较为单一，甚至最近几年，商业银行的客户流失率较高。有一位商业银行行长说："暂且不说增加新客户，能够留住老客户就已经很不错。"商业银行的管理者要重新思考，如何才能在营销战线上取得成绩？有一种方式是渠道拉动。举个简单例子，一家商业银行有一个优质客户群，商业银行与优质客户群组成某种"俱乐部"，定期邀请优质客户参加活动，通过优质服务和友好沟通，让优质客户为商业银行拓展业务渠道，也就形成了渠道拉动局面。

曾经有一家地方商业银行在一个片区打造了一个"金融—物业"俱乐部，在该片区内，这家地方商业银行有许多优质客户，凡是"金融—物业"俱乐部的会员，都可以享受商业银行一站式服务，并且商业银行会向俱乐部会员供其他超值服务，如代收、代付、代缴、代扣等中间业务。许多银行老客户尝到"甜头"之后，也开始转介绍其他朋友亲人加入"金融—物业"俱乐部，成为该俱乐部的会员，并且在该地方商业银行办卡、理财，或者购买其他金融服务。自"金融—物业"俱乐部成立以来，这家地方商业银行积极获客数百名，在维护老客户的同时，批量营销新客户，拓展了批量营销渠道。与此同时，这家地方商业银行积极开展公私联动和外拓营销活动，打造新颖、有趣的金融服务场景，提升客户体验感，提升客户黏性，吸引更多客户加入"金融—物业"俱乐部。如今，该地区多家商业银行以此为模板，打造"获客中心"，拓展引流渠道，继而批量获得新客户。

需要注意的是，商业银行打造获客新渠道，需要对渠道需求进行研究，以服务好、产品好获得客户信任，以此获得利益。商业银行通过新渠道进行批量营销的方式如图5-3所示。

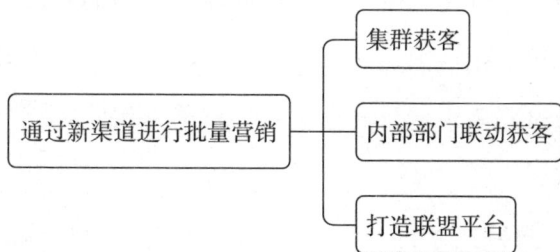

图5-3　商业银行通过新渠道进行批量营销的方式

1. 集群获客

集群获客是一种比较常见的方式。比如，某商业银行与大型购物商场进行合作，通过让消费者办理"银联购物卡"或"银联会员卡"

的形式批量锁定客户，然后对持卡用户进行分类，再进行画像和定位，为客户进行精准推送和精准营销。一些商业银行从专业市场上集群获客，这需要商业银行与专业市场进行洽谈合作，形成合作方案。

2. 内部部门联动获客

商业银行内部的联动营销也是一种批量获客的方式，这种联动营销活动并不仅限于公私联动，而是全部门联动。全部门联动，彼此共享资源，不仅能够拓展获客渠道，还能整体降低商业银行的经营成本，营销互补，同时能起到部门与部门、人与人互相监督的效果。

3. 打造联盟平台

如今，许多商业银行都在打造以金融为主，以其他增值服务为辅的联盟平台。过去几年，国家开展脱贫攻坚战，许多商业银行在"金融扶贫"过程中打造"金融—农业"联盟平台，为联盟平台的客户提供无微不至的、个性化的服务。与此同时，平台的客户可以互相分享经验、分享资源，拓展渠道和人脉，壮大联盟，吸引更多新用户加入联盟平台。通过联盟平台，商业银行不仅能批量营销客户，还能不断拓展获客渠道。

俗话说："打铁还需自身硬。"最好的获客渠道是打造属于自己的商业银行品牌，用品牌吸引客户，用品牌服务客户，赢得客户信任。

六、批量营销之专业理财沙龙

什么是沙龙？沙龙泛指文学、艺术等方面人士的小型聚会。如今，沙龙被赋予更多意义。许多商业组织把沙龙当成一种工具，这种工具具备商业转化功能。换言之，沙龙是一种小型化的、一对多的批量营销方式。

　　某商业银行组织了一场以"孩子教育"为主题的沙龙，受邀参加沙龙活动的是该商业银行的20名个人大客户。该商业银行的个人大客户经理主持沙龙，并且邀请本地区教育专家进行主题演讲。有人问："'孩子教育'的沙龙与批量营销有怎样的关联呢？"其实，这家商业银行正在推广"教育基金"这项金融产品。这家商业银行的个人大客户经理说："从孩子出生那一刻起，他就开始了自己接受教育的一生，从幼儿园到小学，从小学到初中，从初中到高中，从高中到大学，一直接受着教育。我们家长特别重视孩子教育，会为了孩子花费很多钱。如果我们给孩子单独设立一个'教育储蓄账户'，从他出生的那一刻起，家长每个月给他存一笔钱，养成储蓄的习惯，商业银行还能提供专业理财服务，增值部分是收益，存款部分可以当作孩子未来的教育基金……"孩子是一个家庭的未来，也是国家的未来。正因如此，商业银行抓住某些客户的痛点，举办了以"孩子教育"为主题的主题沙龙。举办沙龙过程中，教育专家向参加沙龙的客户介绍科学、现代的教育方法，让参加沙龙活动的家长受益匪浅。开展沙龙过程中，主持人穿插一些"现场抽奖活动"，参加沙龙活动的家长有的抽到电饭煲，有的抽到花生油，凡是参加抽奖的家长，都有奖品。在活跃的气氛下，许多参加沙龙活动的家长签单，为自己的孩子储蓄一笔充足的教育基金，帮助孩子顺利完成学业。

这是一个典型案例。商业银行为参加沙龙的客户提供一对多金融服务。那么，如何才能做好一场专业的、主题沙龙呢？可以按照以下三步去做。

第一步，设定主题。沙龙主题非常重要，要根据不同的客户进行主题设定。有的客户对汽车感兴趣，商业银行就可以设定以汽车为主题的沙龙；有的客户对孩子教育感兴趣，商业银行就可以设定以孩子教育基金为主题的沙龙；有些客户对专业理财感兴趣，商业银行就可以设定以专业理财为主题的沙龙。不同的主题沙龙，对应着不同的客户群体。但是，沙龙活动是一种小型、私密的活动，邀请人数不宜太多。

第二步，邀请客户。沙龙主题确定之后，商业银行需要对客户进行邀请。当然，邀请是一种学问，这对商业银行的客户经理提出很高的专业要求。有些商业银行会对相关人员进行专业培训，尤其是邀请话术培训。俗话说："专业人做专业事。"如果能够让客户按时应邀到达沙龙地点，沙龙营销也就成功一半了。

第三步，主持沙龙。通常来讲，沙龙开始前，主持人需要进行讲解——这期沙龙的主题是什么、有什么特殊意义等，让客户对沙龙活动有更为直接的认识。之后，应该按照正常顺序进行沙龙活动，活动中间可以有小游戏、交流、分享、抽奖活动等，活跃沙龙气氛，提升客户的参与度，继而产生交易。

如果商业银行的沙龙组织者按照上述步骤组织沙龙营销，就能很大程度上进行批量营销，将沙龙活动转化成订单交易。

PART 3

商业银行 532 模式之
运营机制

一、运营机制之对事管理前置

在部门员工出了事之后，管理者直接进行事后点评，然后进行事后处理。这种方式，存在于很多企业组织。秋后算账，坏结果已经出现了，又怎么弥补呢？有一次，笔者与某商业银行的行长交流经验，他说出一句心里话："做管理，要先君子后小人，要先约法三章，把管理前置，才能减少金融风险发生。"

运营就是"运行"和"经营"，两者结合在一起，才是运营。"管理前置"并不是一个新名词，它广泛运用于企业管理。对事管理前置，是管理前置"精细化"的一种。所谓管理前置，也就是将日常管理任务进行分析归纳整理，对管理对象（事项）进行提前预防管理。

有一家商业银行网点打算开展外拓营销活动，这个活动是分行安排的活动之一。这家银行网点的管理者是一个"聪明人"，他知道组织这类活动需要全员参与才能做好。因此，他提前设计方案，研究策略，形成相关"外拓营销教材"，并且让相关部门组织网点全员提前学习，让网点全员掌握外拓营销方法，其中包括如何选择外拓营销的地址、如何组织整体活动、如何服务客户、如何组织游戏或者发放礼品、如何才能进行销售转化等。外拓营销课组织得非常成功，外拓营销活动也得到顺利开展，后来该网点进行了数次成功的外拓营销。

上述案例就是一个较为成功的对事管理前置的案例，提前把"事件行为"梳理清晰，形成方案，然后公布出来，让事件参与者明白：这件事应该怎样做，在什么样的条件下才能做。对事管理前置的作用如图6-1所示。

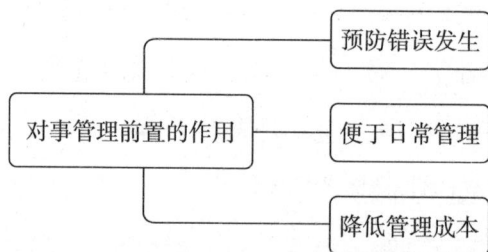

图6-1　对事管理前置的作用

1.预防错误发生

商业银行的事，通常需要一个部门甚至几个部门才能完成。如果对事管理前置，提前把事情安排明白，告诉大家这件事需要这样做而不是那样做，并且对每个角色进行授权、分工，就能防止错误发生。

即使出现了错误，大概率也是细节上的错误，属于小错误，不会引发大问题。管理前置是预防性的，许多商业银行有与之相关的预防措施，形成"双保险"。

2.便于日常管理

有些企业组织管理混乱，管理者非常累，即使工作中当了"八爪鱼"也无济于事。其实，造成管理混乱的原因之一就是没有提前做好规划，没有对事进行管理前置。有一些企业管理者采用"走一步、看一步"的管理方式，这种管理方式看似很务实，实际上是一种被动的、没有计划的、不科学的管理方式。对事管理前置，对管理进行逻辑化梳理，形成一种清晰的管理网络，每个节点都由具体的部门和具体的人负责，形成管理制度，就便于管理了，不需要管理者当"八爪鱼"。

3.降低管理成本

如今，许多商业银行都在"砥砺前行"，有一些商业银行在前行的过程中，脚步越来越沉重，经营成本越来越高，经营风险越来越大，笔者认为唯有降低管理运营成本，才有可能解决相关问题。对事管理前置，预先形成科学化的管理体系和运营方案，提前做好运营计划，制订运营预算方案，明确哪些钱该花、哪些钱不该花。只有这样，才能降低运营管理成本，避免多余的成本支出。

除了上述三大作用，对事管理前置能有效降低风险。众所周知，商业银行运营过程中往往存在风险，做好对事管理前置，也能有效降低商业银行的管理风险，提升商业银行的管理效率和运营效率。

二、运营机制之对人管理前置

什么是企业管理？字面看，所谓"企"，就是"人"和"止"的结合。如果没有"人"，企业也就"止"于此。企业管理，就是对人的管理。松下幸之助说："企业最大的资产是人。"因此，企业管理的核心也是人，企业运营依靠人，商业银行运营管理同样需要人。对人的管理，就是商业银行的运营核心。但是，有些商业银行并没有这样做。

　　某商业银行开展公私联动活动，打算通过开早会的形式进行通知，发布任务。这家商业银行的一些员工提前得到了开早会的相关通知，于是第二天早早地参加早会。银行管理者发现，有些员工来得很早，有些员工准时到了，还有一些员工晚到了几分钟。早会结束后，银行管理者对晚到几分钟的员工进行了批评，被批评的员工也很无奈，其中有一个被批评的员工发牢骚："为什么批评我们？平时我也是八点上班嘛，也没有哪位领导事先通知早晨七点半开早会啊，这算什么？"银行管理者与被批评的员工产生了矛盾。银行管理者并未提前进行通知，才造成了这种冲突局面。

这样的故事并不少。一种优秀的管理是减少人与人之间的摩擦，尤其是上下级的摩擦，提升人与人的信任和凝聚力，打造执行力团队。管理大师罗伯特·卡普兰在《哈佛商业评论》发表过一篇名为《闭环式管理：从战略到运营》的文章，他表示，管理体系的五个阶段为制定战略、转化战略、规划运营、监督和学习、检验和调整战略。换言之，如果将文章运用到商业银行经营管理中，就需要将制定战略、转化战略、规划运营、监督和学习、检验和调整战略前置到对人的管理中，让执行者理解，并且有计划性、有针对性地面对未来的工作，提前为工作做出计划。如果像前文故事中那样，管理者连具体的早会时间都没有通知，便对晚参加的员工（其实上班时间未到）进行批评，这种失败的管理只能制造管理悲剧，矛盾的产生导致商业组织的执行力下降。如果管理者提前通知，并明确开早会的具体时间，迟到者受到批评便无人质疑，甚至还可以对迟到者进行组织纪律扣分。如今，许多企业采取"事后诸葛亮"的管理后置模式，在"以人为本"的时代背景下，这种管理模式过时了，对人管理前置才能起到保障企业运营的效果。引进对人管理前置的机制可以起到以下作用（见图6-2）。

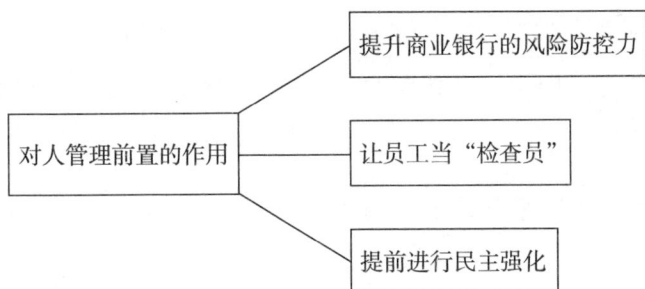

图6-2 对人管理前置的作用

1. 提升商业银行的风险防控力

三大风险的存在，让许多商业银行感受到压力，但笔者相信，将相关管理策略前置，加大对商业银行各职位风险的研判，制定相关策略，对银行岗位责任人进行提前约谈，加强督导，可以尽可能提升商业银行的风险防控力。

2. 让员工当"检查员"

对人管理前置，是让员工主动充当"检查员"，消除员工的抵触心理，让员工全面参与商业银行管理，同样能缓和上下级矛盾，把上下级管理变成"统一战线"上的管理，提升员工的能动性及工作效率，带动商业银行的发展。一个执行力强的队伍，一定是一个积极主动的队伍，与此同时，在"检查员"的互相监督下，银行的管理者和执行者都能自觉找自身问题，从而解决问题。

3. 提前进行民主强化

许多成功的企业采用以人为本的管理模式，这种管理模式也是一种民主管理模式，即管理者与执行者是平等的，只是分工不同。在商业银行的管理运营中，应对这种管理制度进行提前强化，推广以人为本的管理模式，形成一种和谐互动的运营气氛，共同把事做好。

对人管理前置，并不是传统的企业管理模式，其要建立在民主之上，建立在公平、平等之上，建立在以人为本之上。

三、运营机制之管理重心下沉

有人问："如今不是流行'无为而治'吗？"完全的"无为而治"是不可能实现的。在一个复杂的社会里，管理重心下沉的运营机制才是务实的。

有一家大型企业拥有7000多名员工，基层、中层、高层管理者也有500多人。就是这样一家企业，只是采用了OA①管理系统，通过企业内部软件进行层层报批，董事长签字后，项目就会生效。有一次，这家企业因错误付款，造成了数百万元的经济损失。问题出现之后，董事长组建队伍彻查此事，最后发现，基层干部与财务干部联手造假，把一笔钱转移出去。事后，钱追了回来，两名干部也得到了相应的处罚，但是董事长开始反思："即使我不去基层，企业的各种责任制度、管理方案、奖罚措施也要下到基层去；即使我不去基层，企业的其他高层、董事会成员也要下基层，了解基层，轮流去基层督导，现场管理。"后来，这家企业制订了管理重心下沉的方案，企业董事会成员轮流下基层，也包括企业董事长。经过一段时间的管理重心下沉，查出许多管理隐患，整改后企业效益提升。再次强调，管理重心下沉，并不是一种"角色错位"，而是一种管理手段，管理重心下沉不仅能够现场解决基层问题，还能"激活末梢"，让企业组织发生真正意义上的变化。

将管理重心下沉应用到商业银行，需要做到以下三点（见图6-3）。

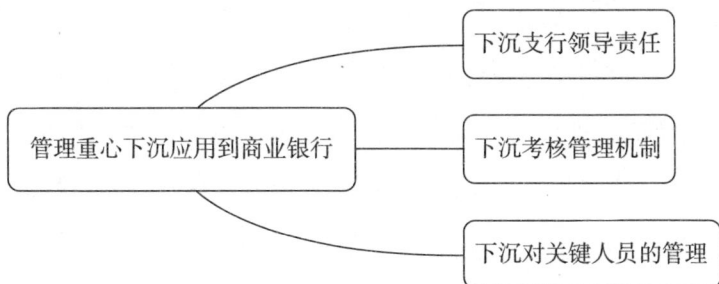

图6-3　管理重心下沉应用到商业银行

---

① Office Automation，办公自动化。

1. 下沉支行领导责任

商业银行采取支行管理者"包干覆盖管理制度",分别选择三四家网点进行"包干",将支行责任下沉到网点,并推出连带责任制,确保责任重心下沉到网点。支行每月、每季度进行检查分析。

2. 下沉考核管理机制

同一家商业银行分支行,下属的银行网点考核管理机制可能各不相同,有的宽松一点,有的严格一些。为了规范化运营与管理,不同分支行的考核管理机制应该相对统一。当然,不同的网点可以采取不同的考核管理机制,但是总行应该提供模板,总行实行顺畅的考核管理机制大概率符合商业银行整体的节奏。银行网点可以尝试下沉考核管理机制。同时,下沉考核管理机制的目的也是让商业银行的分支行管理者将网点的管理内容及信息及时归纳并上报,使得总行能够统一掌握银行的信息,面对问题及时解决,面对不足及时优化,从而促进商业银行正向发展。

3. 下沉对关键人员的管理

每一家银行都有关键岗位,关键岗位上有关键人员,关键人员对商业银行的运营起到至关重要的作用。如果这些关键人员出了问题,商业银行的运营也会出问题。只有下沉对银行关键岗位、关键人员的管理,才能尽可能避免不良事件的发生。

需要管理重心下沉的地方还有很多,比如,可以对网点营销进行有计划下沉,帮助网点做好营销;可以下沉人、财、物资源配置,优

化各个网点资源，让各个网点更好地服务客户，践行银行人的职业
精神。

四、运营机制之以中层为标杆

一个企业需要确定标杆，标杆的作用就是为员工树立一个榜样，
利用影响力，倡导员工学习，提高员工的能力。在商业银行的发展过
程中，想要增强员工落地工作的能力，就需要认识到树立标杆的重要
性。选择标杆也很有讲究，因为要考虑到实际可行性。银行员工可以
大致被分为三个层级，按照能力从高到低依次为高层员工、中层员工
和基层员工，高层员工数量较少，既有能力，又有天赋；中层员工数
量多，是银行运营的中坚力量，是可以通过不懈努力达到的；基层员
工是银行的储备力量与未来战力，需要不断成长才可以符合更高要
求。经过比对与了解，可以确定，高层员工可遇不可求，基层员工需
要榜样，那么中层员工便是最适合成为标杆的群体。

　　某企业的基层员工工作氛围比较低迷，对自己的工作应
付了事，信奉不出错也不出众，导致企业虽然可以维持稳定
运营，但一直无法有所突破，经过观察与分析，企业管理者
刘经理发现基层员工的工作态度有明显问题。刘经理在参加
过一次标杆管理演讲会后，认为这种方法可以处理上述问题，
开始他抱着美好的想法，认为既然设置的标杆是员工最终成
为的样子，那就选择最优秀的员工作为榜样。想通后，刘经
理召开了集体会议，鼓励基层员工向企业的优秀员工老李学

习，为员工指明方向，刚开始时，员工工作激情确实有所提升，但是后来员工慢慢发现无论自己怎么努力，都无法到达老李的高度，对自己产生了怀疑，大家的工作效率急剧下降。刘经理发现标杆管理没有起到作用，急忙询问了演讲会上认识的专家，对方告知刘经理："优秀的人都是少数，他们的天赋是别人难以比拟的，设置标杆一定要选择'平常人'中的优秀者"。刘经理按照专家的指导，重新选择了一位有能力又努力的员工作为标杆，企业员工通过学习这位员工的工作方法，果然能力都提升了不少，也都重拾信心，企业的效益也慢慢提高。

从上述案例中可以看出树立正确标杆对企业发展非常有利。树立标杆是为了确定企业的价值导向。被树为标杆的员工会更加认真对待自己的工作。也因为有标杆人物的影响，企业其他员工能够及时发现自己的不足，并且能够有方向、有目标地提升自我。商业银行选择以中层员工为标杆，可以弘扬企业文化、提升总体业绩、激发团队热情和增强员工荣誉感（见图6-4），能够从方方面面加强运营，有利于未来更好发展。

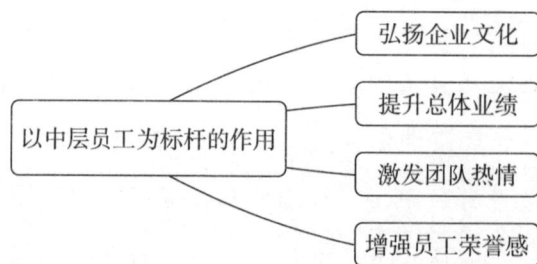

图6-4　以中层员工为标杆的作用

1.弘扬企业文化

商业银行选择的标杆，无论是品行，还是能力都要很突出，这类人员对企业有强烈的归属感，会自然而然地尊重企业文化，标杆的认知能够逐渐影响诸多员工，使得企业文化不断被宣传，大家都认可企业文化，并且愿意为企业文化传播出力。

2.提升总体业绩

能够被商业银行看重，并设为标杆的员工一定是有高业绩的。处于企业内部，员工努力工作的动力就是能够获得更多薪酬，个人的薪酬与业绩相关联，所以员工学习榜样的目的之一就是取得和对方相近的绩效。被设为标杆的员工是银行的中层员工，这一类人员本身就占比较大，能够为企业创造高业绩，而其余员工将中层员工视为榜样，学习对方优点的同时能够提高个人业绩，员工个人创造的价值不断提高就代表着银行总体的业绩在不断提升。

3.激发团队热情

商业银行标杆不是为了一个人树立的，而是针对一群人设置的，员工在因学习他人而努力的同时，会影响其他员工的情绪，从而带动团队的工作热情。试想，当一个人长期处于一种积极向上的工作氛围中，就很难产生"摆烂"心理，为了不掉队，银行员工愿意努力提升自己，与大家共同进步，工作时才更有激情和动力。

4.增强员工荣誉感

树立标杆，对商业银行和基层员工都很有意义。对被设为标杆的员工自身来说，这是一种荣誉，一种激励与认可。自己的努力被看到、能力被认可，对很多员工来说是一件很有成就感的事情。被设为标杆，代表着员工的行为透明化，一举一动都可能成为别人学习的要点，所以其会更加严格要求自己。同属于银行中层力量的其他员工，看到与自己水平相当的人员被设为标杆，受荣誉感的影响，会为了成为标杆而努力，这对商业银行来说更是一大发展助力。

一、事前计划的重要性

先有计划，再有方向。无论处理什么事情、应对什么情况，都要有计划。可能认为计划无用的人不在少数，但实际上很多事情没有计划是没有办法顺利完成的。在银行的运营机制当中，事前计划一直被放在首要环节，很多银行在运营过程中，涉及很多事项，如果没有一个合理的计划，在处理的时候难免会出现混乱和仓促，这对企业的发展是无益的。事前计划的重要性有以下几点（见图7-1）。

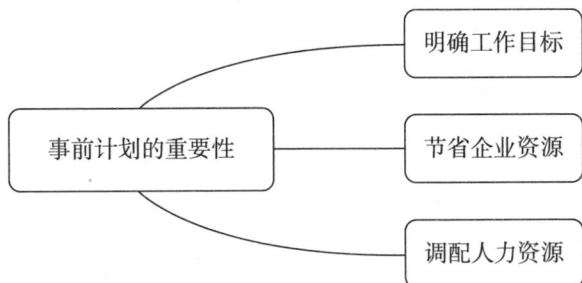

图7-1　事前计划的重要性

1. 明确工作目标

商业银行的运行离不开各部门、每位员工的协调配合，制订合理的事前计划后，银行员工能够有明确的工作目标，可以更加轻松协调工作，有利于提高整体的工作积极性和有效性。计划作为工作的一部分，一方面可以为银行员工指引具体的工作方向，另一方面可以检验银行员工的工作成果，起到督促的作用，所以事前计划对于商业银行来说至关重要。

2. 节省企业资源

银行内部工作的运行需要消耗企业的资源，事前做好计划与准备，可以预测资源的消耗量，一般其不会与实际消耗量有太大的差距。商业银行的内部业务需要员工逐一完成，每完成一个项目就需要消耗一定量的资源，如果没有事前计划，员工很难保证能够一次就顺利完成任务，不断试错的过程很容易浪费资源。商业银行的事前计划应按照企业现状、项目实情和实用经验而制订，比起让员工自己摸索，为其提供可行的工作计划更能够促进工作效率提高及工作效果增强，保证在尽可能短的时间内，使用尽可能少的资源，尽可能完美处理企业内部工作。

3. 调配人力资源

笔者经常听到招聘人员说："岗位需要人才。"实际上，是工作需要人才，岗位因工作需要而存在。对于商业银行而言，需要用到员工的业务众多，而每一项业务需要的员工数量是需要认真思考与计划的。在分配工作任务之前，商业银行应该细致分析业务的难度与要求，届时便可以合理安排工作人数，从而做到合理调配人力资源。在提前确定工作人员的情况下，企业也可以更早制订相关的管理计划，加强内部人员管理力度、提高企业整体管理效率。

二、事前计划之结果定义

事前计划需要对结果进行定义，不是随意规定结果，而是根据实际情况设置一个可以实现的结果。商业银行关于结果的定义不是完成工作，是满足需要。总体来说，银行的运营与发展依赖于诸多业务顺利且高效完成，但有时候员工工作完成了，却不能达到预期的效果，这就属于无效结果。

1. 工作没结果的情况

有的人很迷茫，不理解明明完成了个人的工作量，却不符合领导的要求。这其实就是典型的工作没结果，出现这种情况的原因主要有三种：应付了事、单纯服从指令和例行公事（见图7-2）。这三种原因也可以被认为是三个层次，在商业银行中，不同层次的表现，可以客观地体现出员工的工作态度及能力，在一定程度上决定了员工的未来职业进展。

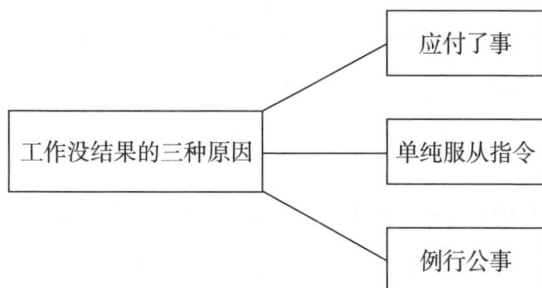

图7-2　工作没结果的三种原因

（1）应付了事

银行员工接收到领导下达的工作任务后，需要在规定的期限内完成任务，有的员工觉得凡事做到"差不多"就可以，无须太过劳心伤神。当然，一家有发展前景的企业从来不需要依靠"燃烧"员工来提升效益，但是不会允许员工消极怠工。很多时候，正是员工小细节上的"差不多"逐渐造成了大的失误与偏差，所以商业银行很注重员工的态度，毕竟能力可以培养，态度几乎无法强制改变。

（2）单纯服从指令

其实，不只是商业银行的员工，放眼望去，整个经济市场，单纯服从指令的员工不在少数，相比于应付了事的员工，很多管理者更喜欢这种"服从指令"的员工，但是随着时间的推移，这些员工缺乏自我思考的缺点就会暴露无遗。

某企业在扩大规模时引进了一批新员工，由于日常工作需要员工沟通合作，为了拉近新老员工之间的距离，总经理决定在假期开展旅游活动，于是派财务部门的员工小王联系旅行社，希望能够有大型客车接送。在假期到来前一天，财务经理将预估的费用交由小王，小王询问旅行社却得知大型客车都已被占用，只剩下几辆中型客车，小王不得不返回公司询问总经理的意见，但总经理在召开部门会议，小王只得等待会议结束。总经理见到小王后，表示只要座位数量够就可以，结果小王再次联系旅行社后，对方负责人员表示在半个小时前剩余的客车已被他人租借，导致这次旅游活动被临时取消。事后，新老员工很失望，认为企业在"画大饼"，总

经理很生气，对此批评了小王，他表示只要结果。其实小王
并不需要局限于大型客车，企业需要的是有个人想法的员工，
而不是一味遵从指令的员工。

分析上述案例，可以看得出来，小王是一个服从指令的员工，但
是他可以选择更加灵活的处理方式。第一，小王可以更早地联系旅行
社，不一定要等到获得费用后再行动，很多旅行社都提供预订服务；
第二，小王在得知没有大型客车后，可以预订中型客车，再返回公司
询问总经理意见。作为商业银行的员工，经常需要处理临时业务，如
果面对紧急情况，没有个人的考量与想法，单纯依靠上级的决策与指
令，很可能会耽误业务展开，引发客户不满。

（3）例行公事

在商业银行内部还有这样一类员工，而且数量还不少：他们通常
有不错的工作态度和较高的工作能力，但是总会出现工作没结果的情
况，在明确个人工作任务后，这些银行员工会按照指令认真地处理业
务，可以按时完成大多数的工作，但是往往不会有进步，主要是因为
缺乏职业目标。有些银行员工认为自己工作是为了获得报酬，其实不
然，工作的过程也是学习知识与积攒经验的过程，如果能够从工作中
不断学习，对后续的职业发展是很有利的。就商业银行而言，员工完
成规定的业务固然重要，但员工的工作效率能够不断提高会更加可
喜，这才是最符合企业需求的结果。

2. 做出有意义的结果需要满足的要素

多数人认知里的结果是最重要的，不能否认结果的重要性，但也

不能忽略过程的作用，如果说结果可以为商业银行创造营收，那么过程便可以为商业银行"续航"。银行员工做出有意义的结果需要满足的要素，主要包括有时间、有价值和可考核（见图7-3）。

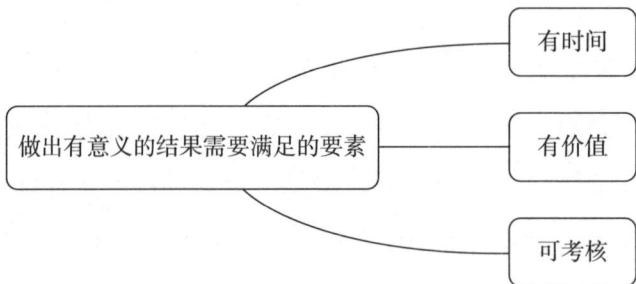

```
                                            ┌─────────┐
                                            │  有时间  │
                                            └─────────┘
┌──────────────────────────────┐           ┌─────────┐
│ 做出有意义的结果需要满足的要素  │──────────│  有价值  │
└──────────────────────────────┘           └─────────┘
                                            ┌─────────┐
                                            │  可考核  │
                                            └─────────┘
```

图7-3　做出有意义的结果需要满足的要素

（1）有时间

商业银行的诸多项目存在关联，却相对独立，关联在于一个项目完成后可能成为下一个项目的参考信息，独立在于一个项目需要在一定的时间期限内独立完成。设置时间期限，不仅因为考虑到银行员工工作效率的问题，还出于不耽误其他相关项目进程的考量。具体的时间区间，不一定是固定的，应该根据实际情况进行灵活变动。很多商业银行设置的项目处理时间的重点不在于全程时长，而在于对最后期限的规定，也许有不太清楚的员工会认为业务的最后期限是一个时间点，其实，比起一个时间点，略显宽松的时间段更有作用。

设置最后期限的作用主要有两方面。一是缓解员工压力，增设时间要求是为了督促员工的工作进度，因为有时间限制，会使员工保持紧张状态。适当的紧张情绪能够帮助员工燃起工作兴趣，但是太过于紧张的情绪很容易适得其反，面对强制的时间要求，员工难免会出现不可预知的纰漏，这对商业银行并没有利处。在设置时间期限的时候，管理者可以规定员工在一定的时间内完成，最后的结束时间是一段时间，可以使员工在有压力的情况下，不会因为过分紧张而影响工作质量。二是考核员工能力，作为商业银行的一部分，每一位员工都愿意更早地交接自己的工作，设置最后期限，在一段时间内，可以根据不同员工完成工作的最后时间了解到对方的能力与潜力。对于效率较高的员工，银行可以着重开发，在其原有的能力基础上更进一步培养；对于效率较低的员工，银行可以分析具体原因，帮助其解决实际问题并提高效率。

（2）有价值

银行员工工作结果的价值体现在两个方面，一是个人认同，二是客户满意。个人认同是指员工在接收到上级的任务安排后，在规定的时间内完成任务，最终呈现的结果符合自我要求。客户满意是指员工能够提供的服务与功能符合客户的需求，并且能够达到客户的实际要求，这才是工作结果的价值体现。个人认同不等于客户满意，通常情况下，客户满意高于个人认同，也就是说银行员工达到的工作效果并不能获得客户满意。所以在处理个人业务的时候，银行员工应该对自己有高要求，同时，在投入精力开展工作之前，首要工作是明确客户需求，届时方可有目标、有方向并满足客户。

　　某银行支行的大部分客户利用储蓄卡存储资金，很少会有大额钱款取出，所以银行每天的ATM机储存钱款与柜台钱款足以满足客户的取款需求，便没有设置提前预约大额款项取出的程序与功能。客户甲是一位文玩爱好者，某天他看上了一个价格很高的文玩，想要尽快购买，前往银行提取钱款却被告知无法当天执行，需要等待经理通知总行，第二天才可以将钱款提供到位。第二天，客户甲拿到钱款后发现文玩已经被其他人购买走了，一气之下便投诉了该银行支行。经此一事，银行管理者召开内部会议，大家才明白：不是完成基本的工作就可以了，而是需要遵从客户的实际需求，有针对性服务于对方，要提供有价值的服务。

（3）可考核

商业银行的内部工作安排是分阶段的，员工需要按照不同阶段的工作安排处理业务，为了能够合理制订出让更多员工接受的工作计划，管理者会参考上一阶段员工的工作结果。考核是商业银行加强管理的一个环节，是对员工处理个人业务的质量与效率评价，需要在员工具体的工作结果上开展，所以银行员工做出的结果需要满足可考核这一要素。

3.结果定义的作用

结果定义的作用在于明确结果的重要性，商业银行的营销产品主要是服务，对于银行和员工而言，整个工作过程或许简单、或许艰难，但这并不是客户需要考虑的。商业银行依靠客户生存，客户要求的是好的结果呈现，过程对客户没有意义，但过程和结果离不开银行和员工的共同努力。

首先，商业银行依靠客户生存，如果无法提供好的结果给客户，客户需求得不到满足，商业银行就没有办法稳固服务群体，进而失去稳定的收入效益；其次，结果由所有银行员工的共同能力组成，面对客户的需求，商业银行有的员工负责对接业务、有的员工负责分配工作、有的员工负责处理问题等，大家各司其职才可以共同达到想要的结果；最后，商业银行与客户、员工都存在结果交换的关系，商业银行为客户提供产品或服务，客户会支付相应的费用，商业银行员工为商业银行的效益而工作，商业银行会为员工发放相应的薪酬。

明确结果定义，更加强调结果至上的观点，从员工的角度来看，这样的做法难免会有些不近人情，只看重利益不讲究情面。但是强硬的要求可以强有力管理员工，使员工能够尽全力处理个人业务。如果工作出现问题时员工只需要讲述工作过程的艰难就可以免于责罚，将不正确努力作为结果不达标的借口，不仅会浪费管理者的检验时间，还会耽误银行业务的进展。认知决定态度，思想影响高度，员工应该将银行看作一个需要满足要求的客户，秉持着认真的态度面对银行提出的要求。这样员工工作起来才会更加专注、更加负责。在结果定义明确的基础上，无论是商业银行面对客户需求，还是银行员工面对银行要求，都应该为了最终的结果不遗余力努力奋斗。

4. 结果管理的工具

结果管理是指商业银行所有的工作都是以结果为导向，强调对工作结果的管理。银行员工的工作能力与态度必须与结果关联，否则就没有什么实际意义与价值。为了方便管理，商业银行会划分时间来设置工作计划，并进行结果记录与管理，常用的结果管理工具有日计划、日结果和周计划、周结果。

（1）日计划、日结果

商业银行的业务比较多样化，可以按照不同的类型、不同的难度等维度来划分。对于银行员工而言，主要职责是完成上级分配的业务。很多时候，银行的业务实际工作量较多，不仅需要分配给不同的员工来完成，还需要划分不同的时间周期来处理，为了明确每天的工作任务，使得业务处理情况衔接清晰，商业银行通常会设置日计划表，根据每个工作日结束后员工的表现来考核具体结果。例如，某银行的日工作计划主要包括时间安排与工作内容，如表7-1所示。

表7-1　　　　　　　　　　　时间安排

时间	工作	内容
8：30—9：00	员工早会	各部门组织内部会议
9：00—12：00	处理业务	员工着手处理个人业务
12：00—13：00	午休时间	员工根据个人意愿休息
13：00—17：00	继续处理业务	按照计划完成未处理业务

商业银行的工作内容主要包括五个方面，分别为服务接待、预约管理、业务处理、客户沟通和营销策划。

1）服务接待

每天会有专门的员工负责在接待区等待客户，并且按顺序接待客户，引导不同需求的客户前往相应的窗口办理业务，旨在及时为客户提供满意的服务。在提供指导与咨询的过程中，员工不仅要态度良好，还要保证服务细致。

2）预约管理

为了应对及时性的客户需求，银行开展预约服务项目，如果有客户预约的情况出现，员工需要提前安排业务的办理时间及单独的服务窗口，保证为客户提供满意的服务。因为业务种类繁多，为了避免出现意外的情况，每一项业务都应设置专门的窗口，同时负责各个窗口的员工可以互帮互助，以此提高业务办理的效率。

3）业务处理

银行的业务包括存款、取款、贷款、汇款、理财等多种类型，由于涉及钱款项目的服务，员工在办理业务时要确保安全性与正确性，把客户的意见与需求放在第一位，对于客户的询问，员工要及时给予解答与帮助，保证业务高效办理的同时提高客户满意度。

4）客户沟通

客户关系的管理与维护对银行来说至关重要，员工需要通过电话、邮件、短信等多种通信方式积极与客户沟通联络，细心关注客户的情绪变化与需求走向，通过了解与分析，更加准确分辨客户的实际需求，及时制定有针对性的服务策略，提高客户满意度，维护客户忠诚度。

5）营销策划

银行的客户分为自然客户和潜在客户。自然客户是指自动选择服务的客户群体，员工需要积极办理客户的业务。潜在客户是指没有向银行提出服务需求，但银行可以提供服务的群体，针对这一类人群，员工需要制定合理的营销策略，宣传银行的服务或者推广服务产品，让更多的潜在客户看到银行优质与全面的服务。

（2）周计划、周结果

日计划、日结果主要是对银行员工的工作安排与规划，商业银行内部有多个部门，不同部门间的工作业务有所关联，但不尽相同，所以为了方便管理与安排，通常会设置周计划来统计与分析周工作结果，××支行周工作计划（3月1日至3月7日）如表7-2所示。

表7-2　　　　　××支行周工作计划（3月1日至3月7日）

编号	时间	工作内容	工作措施
1	3月1日上午	组织召开管理层会议	主持会议
2	3月1日上午	拜访水利厅	上门拜访
3	3月1日中午	探望生病员工	上门探望
4	3月1日下午	拜访合作企业	上门拜访
5	3月1日下午	前往网点督查调研	落实工作
6	3月2日上午	拜访迎宾馆	上门拜访
7	3月2日上午	拜访银行贵宾	上门拜访
8	3月2日中午	制订年会计划	落实工作
9	3月2日下午	拜访医学会	上门拜访
10	3月2日至3月6日	督促"特别计划"活动进展	落实工作
11	3月3日上午	业务1收款	落实工作
12	3月3日下午	业务2收款	落实工作
13	3月3日至3月6日	前往网点检查工作	落实工作
14	3月3日至3月6日	总结记录网点工作结果	落实工作
15	3月7日	开展网点工作讨论会议	主持会议

三、事前计划之一对一责任

伴随着商业银行业务而存在的一个重要元素是责任，涉及银行利益的业务都需要有相应的人员担起责任，银行业务的责任遵从"一对一"的原则，这里的"一"可以指一个人，也可以代表一部分人，但一定是业务对应责任、责任对应员工。首先，责任会随着参与业务处理人员的增多被分化，因为负责人数增多，每个人承担责任的比例会随之下降，但总量不变。其次，与银行业务存在关系的员工都有承担责任的可能，万一有人逃避责任，就需要有人来承担更多的责任，责任会因为员工的行为出现转移。最后，无论怎样分配责任，它都不会消失，责任永远与工作业务共存。商业银行内部存在责任的三大定律（见图7-4），分别为责任稀释定律、责任转移定律和责任永存定律。

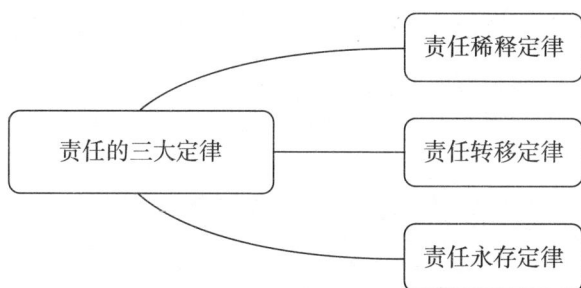

图7-4　责任的三大定律

1.责任稀释定律

关于责任的划分，商业银行管理者的认知通常过于理想化，他们认为重要的事情尽可能让更多的员工来完成，从而达到共同努力的效果。其实不然，对于有的员工而言，越多的人加入同一业务中，就越有机会逃避工作。在一些员工数量较多的业务中，责任就像盐遇到水一样，被逐渐稀释，人越多，属于个人的责任感就越弱。如果一项工作交由一个人处理，那么其责任感就会很强烈，工作动力也会随之增加。不可否认有很多主动承担责任的员工存在，但是确实有部分员工并不愿意承担自认为不必要的责任，所以责任被稀释后，多人逃避的情况出现，导致责任不明确。对此，银行应该采取一对一责任的制度。

在某个气候干燥的地区，经常出现路人随意丢弃烟头引起观赏草坪失火的情况，某天，某处草坪有火势出现，但是很多人路过，都没有选择扑火或拨打火警电话，等到人流散去，某位单独出行的路人看到逐渐变大的火势，急忙拨打了火警电话，避免了更多的损失。城市管理者根据火势判断，如果人流高峰期有人及时采取措施，一定可以尽早处理并减少破坏，城市管理者调取相应时间段的监控录像，发现火势出现时，有很多人发现了，但是没有一个人行动。后来他随机抽取了几个过路的居民询问起缘由，他们中的大部分表示路过的人有很多，认为已经有人拨打过火警电话了。管理者又询问了最后单独出现的路人，他表示当时只有自己一个人，肯定只能自己拨打火警电话，如果有其他人在场，自己也会认为对方更愿意行动。经过分析，城市管理者发现，因为目睹的人数太多，大家都理所当然将拨打火警电话的任务分配给其他人，自己尽管有承担责任的意识，却没有采取实际的行动，这就是典型的责任稀释现象。

2.责任转移定律

在一些人的潜意识里，凡是与责任挂钩的都不是什么好事，所以一旦谈及承担责任，避之不及。如果银行员工觉得不承担责任就可以逃避诸多风险，导致责任被推来推去，最后会出现两种情况。一种是有人被迫承担责任，另一种是有责任感的人承担责任。有人被迫承担责任的情况出现频率很高，同一业务项目内，所有人都不愿意承担责任，使得责任不断发生转移，在银行明确责任在谁的时候，责任恰好转移至某处，负责员工便不得不承担责任。有责任感的人员承担责任的情况也时有发生，在大家都推卸责任的时候，会有员工主动站出来承担责任，银行虽然能够及时确定责任承担者，但并不一定准确。

　　某企业在月初将工作安排下发至每个部门，要求每个部门在规定的时间处理业务并保证质量。作为部门经理，小李需要提前制订部门工作计划并在两天内提交至总经理助理处，因为是月初，所以有很多事情需要处理。为了不忘记制订计划，小李和小王说让小王提醒他或告知其他员工来提醒。两天后，总经理询问小李计划进展，小李才发现自己并没有记起这件事情，并且部门员工也没有提醒自己。事后，小李想要追究本次事情的责任，他找到小王，小王表示自己将这项任务交给了小刘，小刘说交给了小葛……这次的责任追溯一无所获。小李意识到，在本次事件中，提醒自己安排计划这件事情的责任在不断发生转移，责任被一次次推脱。自此之后，他在提要求的时候都指定单人处理，避免出现责任转移，责任承担者不明。

3. 责任永存定律

　　责任会被逃避，也会被转移，但永远不会消失。有人认为缺乏责任的情况下，会受到一定的处罚，责任也就随之消失。但因缺乏责任而受处罚，并不表示责任会消失。总体来说，必需的责任不能缺失，缺失的责任不会消失。处于业务中的责任如同能量守恒一样,假如站在个人的角度理解,责任会随着时间的推移、业务的进行逐渐消失,但是站在全局的角度看,责任只是通过分解、转移等多种方式从一个人或一部分人身上转移到了另一个人或另一部分人身上。当所有的员工都不愿意承担责任的时候,业务的进展必然会受到影响。如果业务处理不当,管理者会采取相应的处罚措施来遏制情况恶化,责任也就以另一种形式存在。

总而言之,商业银行在分配业务的同时一定会规定责任,任何业务的产生都伴有责任,可以将业务尽可能细化,让责任具体到每一位员工身上,尽可能不给员工逃避责任的机会。在责任感的驱使下,员工才可以更加尽力完成工作。商业银行不能单一地依靠员工自觉生成责任感,可以通过强制的手段进行管理约束,比如,设置处罚制度,让员工意识到逃避责任、不认真工作是不被允许的,作为员工应该有主动工作的意识,对待工作绝对不能应付了事,要善于思考、积极进步。

一、检查与跟踪的意义

有一家老字号包子店铺，生意一直红火，近些年还开了几家连锁分店，据多年的顾客说，这家店不仅味道保持鲜美，而且包子的尺寸大小十分统一，有记者专门找老板进行了采访，老板表示一直加强检查与跟踪工作，力图把控每一处细节，旨在让顾客吃得开心、吃得放心、吃得舒心。同样，商业银行的有形产品和无形产品都是为服务客户而存在，在处理业务、接收需求的过程中，需要对员工的工作进行全面、细致检查与跟踪，保证员工工作没有差错、客户需求得到满足。

检查与跟踪是工作落实的关键环节。银行员工不能保证自己可以全程专注于工作，商业银行就需要采取措施帮助员工认真工作，检查与跟踪的作用就在于此。在任务下达后，员工需要完成基础操作，对于管理者而言，员工处理业务随时都有可能出现无法预知的情况，所以管理者要有质疑的态度。管理者质疑员工不代表不认可员工，而是对可能发生的情况持不信任的看法，因为很多时候管理者的计划是达成理想状态，员工会按照自己的想法处理工作，无法避免偏差情况发生。与其说检查与跟踪是监督工作进度，不如说是对员工的一种帮助方式，面对工作执行过程中出现的诸多问题，负责检查与跟踪的人员可以及时提供帮助，对员工与银行都有利。

张某在服装商场工作五年，积攒了不少经验与资金，于是决定开设自己的服装店，经过一年多的适应与发展，张某凭借着自己的销售技巧吸引了不少客户，收入不断增长，她便开始涉猎其他行业，聘请了两名店员经营服装店。张某在一番选择后，招聘到李某与王某两位员工，其中，李某经验丰富，销售业绩一直不错。王某由于年纪较小、经验不足，绩效一般。在一次次的对比下，王某心情沮丧，很长一段时间都工作动力不足，面对这样的情况，张某专门挑选王某当值的一天到店面检查与跟踪对方工作。一位女士挑选衣服后，王某积极介绍却未能促成订单，她很失落，张某赶紧开导与鼓励了王某，让对方更快恢复和进入状态。一上午过去，王某仅仅售出了三件衣服，张某并没有指责对方，而是针对员工的话术给出实质性意见，并要求王某按照新的话术在下午促成至少五单交易。当天下午，王某干劲满满，共售出六件服装，她非常开心，后续工作激情高昂，个人的业绩也在不断提高。

通过上述案例，笔者发现，检查与跟踪的意义不仅局限于管理工作，更多是引导与帮助员工。当员工缺乏信心时，管理者可以及时给予鼓励与认可；当员工业绩不佳时，管理者可以分析问题并帮助员工解决问题；当员工略显迷茫时，管理者可以根据员工能力为其制订可行目标，帮员工确定工作方向。

二、检查的逻辑和特征

我们必须强调，检查不是因为质疑员工，而是为了避免不必要的问题发生。银行管理者将工作内容与要求传达至员工，其实只是将自己的需求告知员工，员工无法保证一定能按照管理者的想法达成目标，所以必须检查。检查的目的是把控工作流程，在检查工作的同时需要做好记录，可以定期做复盘，通过不断整理与分析，促进问题的解决，从而提高员工工作效率。

1.检查的逻辑

商业银行信任自己的员工是一回事，检查工作是另一回事，检查针对的是"事"，是岗位，不是"人"。管理者之所以分配任务，是因为相信岗位员工的能力，同时要预想结果不达标的情况，需要对员工的业务进行检查与跟踪，制定相应的制度，用来规范员工的行为。制度针对业务与岗位而设定，无论是谁处理业务、谁在工作岗位上，都需要遵守制度，制度不体现主观想法，不会因为员工的特殊而出现例外，保证了工作的公平性。

需要注意的是，尽管上级领导几乎全程跟踪员工的工作，但是大多时候还是不如员工对工作熟悉，领导在给出个人意见后，如果员工能够有更好的解决方法，可以遵循员工的想法。检查者与被检查者应该互相尊重、互相成就，检查者接纳被检查者正确的想法，不仅可以提高业务处理速率，还可以为下一次的检查工作积攒经验与技巧；被检查者听从检查者的要求，不仅可以提高自己的工作效率，还可以改善个人的工作方式，为后续的工作夯实基础。

2. 检查的特征

检查的作用在于保证结果的呈现，这项工作贯穿员工执行任务的全过程，具体的特征就必须明确。检查主要包括公开性、公证性、时效性和周期性四个特征（见图8-1）。

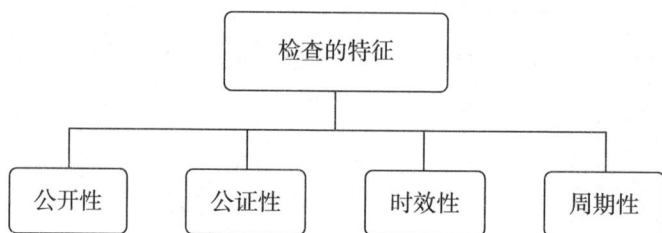

图8-1　检查的特征

（1）公开性

公开性是指每一个员工都有权利获得与自己的利益相关的信息，这些信息是检查过程中产生的内容，应该及时让银行员工知晓，便于后续参加共同讨论与决策。公开的目的是反向监督，管理者可以检查员工的工作，员工也可以反过来检查管理者的检查工作，检查过程中的真实信息就是依据。

（2）公证性

公证性是指将问题放在公开的平台上展示，由所有员工共同见证，无论是个人问题，还是集体问题，无一例外。检查强调对事不对人，公示检查的结果，是为了让每项业务的参与者都意识到不同岗位的实际工作与职责，永久杜绝重复问题出现，并不是针对单个员工进行处理。

（3）时效性

检查工作的要义的是及时发现、及时改正，需要员工改进的地方与反馈意见，检查者一定要及时整理出来，每一次细节的完善，能够助推业务顺利开展。商业银行选择检查员工对工作任务的执行情况，就是为了能够尽早发现问题，最好是在问题产生不良影响之前就将其解决，这样不仅可以提高员工的工作效率，还可以为企业节省资源，避免浪费。

（4）周期性

商业银行的检查工作具有衔接性，但是为了规范工作计划，需要按照周期来进行，可以通过制订星期、月度、年度的报表的方式来安排和记录工作。设计检查工作的报表，一方面可以预先计划检查工作，另一方面可以为后期的复盘工作提供信息依据与支撑。

三、检查三大系统

商业银行完成现阶段的目标并不是关键，关键在于实现目标的持续性行动，商业银行需要搭建好获客系统、运营系统和联动系统。这三个系统对商业银行发展有很大作用，如果想要发挥其实际的效用，就需要通过不断检查来维护，检查三大系统，即检查获客系统、检查运营系统、检查联动系统（见图8-2），可以带来相应的好处。

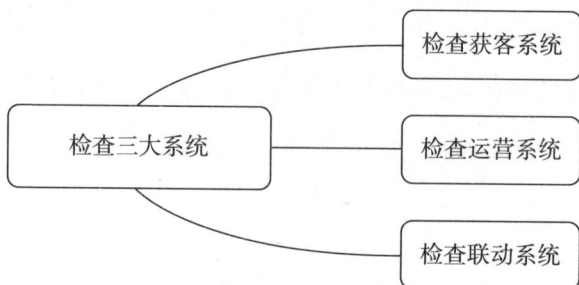

图8-2　检查三大系统

1.检查获客系统

获客系统的作用是为商业银行持续提供客户资源，因为商业银行的盈利来源于客户，通常，能够服务的客户数量越多，银行获得的效益就越高。检查获客系统是为了及时发现获客系统的问题，一旦商业银行的获客系统出现问题，就很有可能造成客户流失的情况。一个客户流失的影响可能不明显，但是如果任由问题存在，它的负面影响容易逐渐扩大，导致越来越多的客户流失，这对商业银行必然造成巨大的损失。商业银行依靠服务客户而生存，失去客户，所有的工作都没有执行的必要，所以需要注重对获客系统的检查与改进。

2.检查运营系统

在得知客户需求后，商业银行需要安排员工处理相应的业务，诸多业务在银行内部有条不紊地进行，就是一个正常的运营过程。建立运营系统有利于高效处理工作业务，使银行不会出现因为业务冲突而工作进展不顺利的情况，保证所有业务从计划到结果的完整性。检查是运营的关键，商业银行运营系统运行过程中会出现无法预知的情况，因为没有事先预设，所以容易无法应对，当检查到相关情况后，就可以及时采取措施，避免不良影响范围扩大。

3.检查联动系统

商业银行的内部结构通常比较复杂，一个项目可能需要多位员工、多个部门联动合作，检查联动系统就是为了促进联动顺利进行。联动系统的存在，有利于部门内部、部门之间员工密切配合和能力集中，为项目高水准完成提供平台，提高商业银行整体的业务处理效率，从而提高总绩效水平。日常工作中的联动环节看似不多，但是不能忽略联动系统的作用，如果业务处理的过程中缺乏联动，很有可能出现信息传达不及时、工作沟通不到位的情况，对商业银行的发展产生不利影响。因此，一定要重视对联动系统检查，保证联动工作顺利进行。

四、检查的关键点

检查，就是在各种制度与计划健全的情况下，对工作过程中具体的执行措施、执行者和执行环境进行监督，目的在于促进工作目标更快实现。检查是工作中发挥重要作用的工具与途径。要检查员工的工作，首先应该确定需要检查的内容，因为检查员工工作的目的是检验工作安排是否合理、员工处理业务能力是否符合要求、员工身处的工作环境是否和谐，所以商业银行检查的关键点在于检查工作内容、检查员工能力和检查工作氛围（见图8-3）。

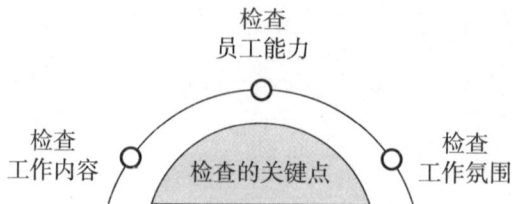

图8-3 商业银行检查的关键点

1.检查工作内容

检查员工执行工作的过程，银行员工按照已经规定好的工作计划处理业务，计划是提前制订的，无法保证全部合理，所以在检查的同时可以发现工作计划中存在的问题，并能对工作计划中不合理的地方及时解决，保证项目高效率、高质量完成。

2.检查员工能力

检查员工工作可以发现员工的实际能力以及能力的变化。个人能力包含实力与潜力，在不断运用自身技能的过程中潜力有机会得到开发，可以实现能力提高。对员工能力检查，可以基本确定员工在项目结束后的能力，可以将其作为下一个项目计划的参考信息，保证高效利用员工的能力，为商业银行创造价值。

3.检查工作氛围

工作氛围对员工的工作情绪有很大影响，应分出精力注意员工工作氛围，一个优秀的人处于恶劣的环境很难不被同化，所以商业银行可以通过改变工作氛围来提高员工处理业务的效率。在一个和谐、愉悦的氛围中工作，银行员工无须刻意保持专注，大家能够在互帮互助、友好协作的环境中提升自我，进而提高团队的效益。

五、检查之第三方平台

检查工作主要强调公正与公平，非常忌讳检查者与被检查部门过于联系密切，所以商业银行可以构建独立于任何部门之外的第三方平台让其发挥监督作用，创造良好的工作环境与氛围。

1.第三方平台的类型

提到第三方平台，很多人可能会觉得陌生，然而在生活中有很多群体与物品都可以作为第三方平台，如公证人、网络媒体、法官、监视器等。商业银行使用的第三方平台一般有独立部门和线上系统（见图8-4）。

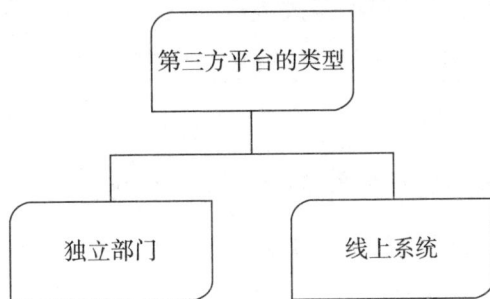

图8-4　商业银行使用的第三方平台

（1）独立部门

商业银行的业务复杂多样，受数据共享的影响，负责不同工作项目的部门之间会存在关联，各部门员工需要通过交流来加强合作，如果想要站在商业银行系统之外检查员工的工作，就需要建立一个独立于所有部门的部门。一个部门在不同时期承担不同责任或者在同一时期承担不同任务的情况在商业银行内部时有发生。作为一个独立的监督部门，其员工的工作任务就只有检查与跟踪，不需要兼顾其他任务。

（2）线上系统

检查银行员工的工作，主要是观察员工在执行工作过程中的表现，商业银行可以选择设置专门记录工作的线上系统，所有的员工在处理个人业务的同时要将自己的工作记录详细上传至系统。系统作为客观的信息记录工具，不具备主观的思维导向，对员工的信息记录一视同仁，能够保证检查工作的公平性与准确性。

2. 第三方平台的作用

第三方是指两个相互联系的主体之外的客体，而商业银行可以设置的第三方平台的定义则不是太绝对，可以设置一个独立于银行现有部门之外的部门。第三方平台可以确保检查工作公平、公正，避免出现不必要的矛盾纠纷，第三方平台的效用决定员工发挥的能力限度。拥有有效的第三方平台可以保证优秀人才发挥最大作用，有利于优化工作氛围；缺乏有效的第三方平台容易导致大批优秀人才无法为商业银行创造利益，所以说设置第三方平台很有必要。

六、检查之"3S 执行"

商业银行可以使用"3S 执行"来划分项目的执行过程，"3S 执行"分别是指事前执行、事中执行和事后执行，事前执行是指工作必定有结果，结果一定对应责任；事中执行是指时刻注意工作过程，积极发现问题并加以解决；事后执行是指检查过后一定要设置奖惩，第一时间体现结果对应的收获。检查工作出现在事中阶段，对员工持"不信任"的态度，但不是真的不信任员工，而是对工作项目负责。

检查环节是"3S执行"中很关键的一个步骤，发挥着承上启下的作用，既要对事前工作计划的效果进行检查，也要为事后的奖励与惩罚提供信息依据。检查工作进行的过程中，可以及时发现并解决员工工作上的关键性问题，而规律性问题则可以在检查工作结束后进行仔细分析与改进。员工完成阶段性任务后，最关心的就是自己能够获得什么，检查工作就是为了记录员工的表现，所以可以从检查纪要信息里筛选对员工的评价，根据评估结果决定对员工进行奖励还是处罚。

一、即时激励

商业银行需要的是对企业有高忠诚度的员工，员工对企业的忠诚度不只依靠员工自身，更需要企业的激励，所以在每一阶段工作结束后，银行可以通过适当的激励措施提高员工对企业的黏性。商业银行不能彻底改变员工的性格，但是可以通过激励措施来改变员工的做法，很多时候，足够的激励可以改变员工的行为，激励可以在某种程度上增加员工的利益，如果员工感受到自己的利益被放在首位，就会更加认可企业文化，愿意为了提高企业的效益而努力。得到激励的员工，在工作上更加有动力，对企业的忠诚度也会不断提高，激励措施对银行和员工都有作用。

1.激励的分类

通过拆分，我们可以认为激励是激发和鼓励的意思，通过一定的激励方式，可以使被激励者保持比较兴奋的状态。对于银行员工来说，激励可以让其高度热情，处理业务时更加有动力。按照不同的维度，可以将激励分为不同的类别，以时间划分，激励分为即时激励、短期激励和长期激励；以内容划分，激励分为物质激励和精神激励；以作用划分，激励分为正激励和负激励（见图9-1）。

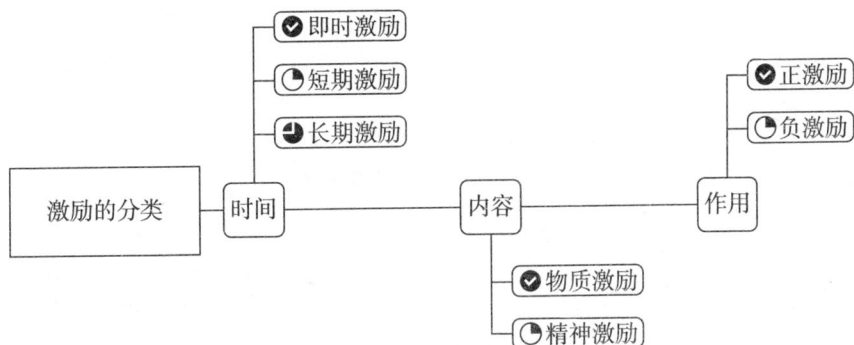

图9-1 激励的分类

（1）按时间分类

即时激励是指对员工的行为表现做出及时反馈，商业银行需要全面了解员工的工作情况，发现员工的行为涉及激励时，在第一时间给予反应。短期激励是指采取可行的激励措施，促使员工在一定时间内提高工作激情，如绩效考核就属于短期激励。长期激励是指将员工的利益与企业的发展关联起来，对于员工的长期贡献给予相应的奖励，使得员工自愿为了企业的发展长期做出努力。

（2）按内容分类

物质激励与精神激励完全可以从字面上进行了解与区分。物质激励是指企业通过奖励实际存在的物品来提高员工的工作动力，如奖金、奖品等都属于物质激励。精神激励则是利用适合的方式方法鼓励员工，给予员工精神认可与支持，如公开夸奖、张贴优秀员工表扬榜等。物质激励能够满足员工物质上的需求，提供的奖励产品具有足够的吸引力，就可在员工之间形成你追我赶的比拼氛围；精神激励能够满足员工精神上的需求，肯定员工的行为与表现，能够增强对方的信心与动力。一般而言，物质激励比较适合基层的员工，他们需要有形的产品激励；精神激励比较适合中高层管理者，他们更需要精神上的认同。

（3）按作用分类

正激励是指企业对员工优秀表现或者良好行为表示认可，为了表达支持，会采取奖励的形式告知员工，这样的方法可以提高良好行为的出现频率。负激励是指企业对员工消极表现或者不当行为表示否定，为了警醒员工，会采取处罚的形式提示员工，这样的方法可以减少不当行为的出现次数。正激励与负激励相辅相成，并不存在冲突，正激励是主动的激励，负激励是被动的激励，它们分别通过鼓励或遏制某些行为的出现来帮助员工维持工作状态，进而达到更好的工作效果。

2. 即时激励的作用

激励，能够激发员工的工作积极性，而见效最为明显的就是即时激励，可以实现"立马激励、快速、积极"的效果。对于银行员工来说，自己是独立体，同时是群体中的一员，自己为企业作贡献的同时，也希望可以被重视。尼采指出：人的一辈子都在寻找重要感。当员工的价值被肯定时，员工会更加有工作的动力。为了让员工感受到企业对其的重视，商业银行可以采取即时激励的方式体现员工的重要性，企业的每一个项目完成，都离不开项目相关的每一位员工的努力。即时激励的作用比较明显，对员工工作态度、企业发展都很有帮助，一方面可以塑造员工的行为，另一方面可以提高团队的效率（见图9-2）。

图9-2　即时激励的作用

（1）塑造员工的行为

即时激励可以改变员工的行为，企业采取有效的激励措施，可以使消极行为逐渐消失，使积极行为强化并不断出现。随着激励措施的不断深入，员工对消极行为与积极行为的认识不断加深，会慢慢改善自己的行为，从而提高个人工作效率。塑造员工的行为主要通过积极强化正确行为和消极"强化"错误行为来达成（见图9-3）。

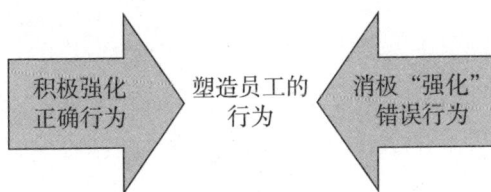

图9-3　塑造员工的行为

1）积极强化正确行为

当员工的工作结果或行为符合企业的期望与要求时，企业会积极鼓励员工。在得到激励后，包括被激励员工在内的所有员工都会重复该行为。在这样的基础上，对于表现优异的员工，企业还会采取再次

111

激励的方式，如此便可以形成员工的好习惯。随着激励措施的实施，被激励的员工数量会逐渐增加，整体的工作效率会得到提高，员工的执行力也得到加强，对企业的发展有明显促进作用。

2）消极"强化"错误行为

当员工的行为与企业倡导的价值观念完全不符合或者员工的表现与企业的要求不一致时，企业不能放任不管，而是要积极制止，对出现问题的员工进行警示，使得员工认识到自身的不足并改正。员工少数的错误行为被企业发现并整改，会让多数员工意识到某些行为是错误的，员工就会主动规避，并且，员工了解到企业的严格要求后，会更加注意自己的行为，认真思考个人工作方法，在日常工作中力求完美。

不论是积极强化正确行为，还是消极"强化"错误行为，企业都应该公开处理，这样能够宣传企业对行为的界定，让员工明确未来的工作方向。

即时激励的作用之一就是及时应对处理银行员工的正确行为与错误行为，帮助员工分辨出行为的属性，促使正确行为持续、错误行为被消灭。

（2）提高团队的效率

一些员工可能只看到自己的优点，放大其他人的缺点，用自己的长处与别人的短处比较，这样员工难免相互抱怨指责。若越来越多的员工不认可他人的表现，企业就难以协作共进，这样团队的氛围越来越差，团队工作效率降低，对企业发展有不小的消极影响。引入即时激励措施后，企业员工看到别人被激励，就会慢慢意识到其他人身上的闪光点，从而能够取长补短。这个过程中员工之间的沟通交流频率会增加，团队之间的合作互助行为更突出，有利于提高团队工作效率。

　　某公司规定任何一名员工只要完成年度指标，就可以自动升为百分百俱乐部的会员。当员工达到要求后，享受到相应的待遇，企业还公开剖析了员工的良好行为，越来越多的员工意识到完成指标的重要性。一段时间后，有合作企业来该公司调研学习时，发现企业的所有员工都已经成为百分百俱乐部会员。问起详细的原因，才发现企业员工将晋升成为百分百俱乐部会员作为努力的目标，大家会相互请教，在提高个人工作效率的同时营造了友好和谐的团队氛围。

3. 缺乏即时激励的后果

　　企业缺乏即时激励，员工努力工作得不到认可，也分不清工作行为正确与否，这样使员工的工作效率不佳，对企业的发展有不小的负面影响。企业必须承认，缺乏即时激励对加快发展是一个致命的问题，必须尽早发现并解决，缺乏即时激励的后果分为员工缺乏上进心和错误行为再出现（见图9-4）。

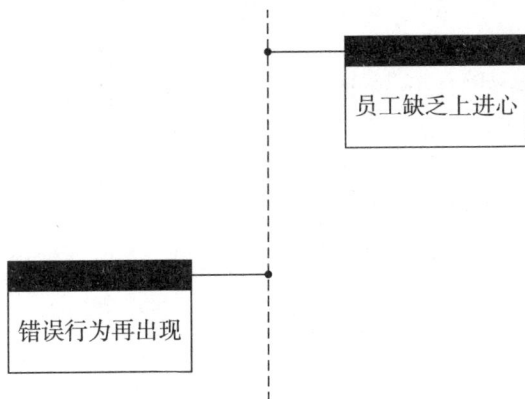

图9-4　缺乏即时激励的后果

（1）员工缺乏上进心

企业管理者将工作任务布置下去，员工按照要求完成工作。员工的能力与态度有区别，最终完成的效果存在区别，管理者如果认为认真工作是员工的分内之事，对表现优异的员工置之不理，那么员工的工作激情会被慢慢消磨，员工从而缺乏上进心。

（2）错误行为再出现

假若，一位员工在工作中存在明显的错误，管理者却不管不问，就会有更多员工认为犯错也没什么，那么错误行为就会一而再再而三出现。一次错误造成的影响可能不大，但是错误的积累迟早会引发大问题，甚至有可能会影响企业的发展根基。

企业缺乏即时激励，员工就会失去对工作的判断，进而很难养成良好的工作习惯，没有惯性思维的引导，员工的工作效率无法得到提高。除此之外，很多错误行为造成的后果不仅严重，而且不可逆，对员工的职业生涯发展以及企业的长久发展都是极大的阻碍。即时激励能够从根本上避免错误行为的出现，从而提高员工工作效率，增强企业发展实力。

二、即时激励的原则

肯定即时激励的作用是前提，如何合理运用即时激励，使其发挥效果是商业银行需要思考的问题。想要使即时激励取得最佳效果，务必遵循相应的原则。即时激励的原则可以划分激励的范围、确定激励的方向，作用在于促进企业相关激励制度产生，帮助企业快速、精确设置即时激励措施，并尽快将其投入使用。即时激励需要遵循的原则主要包括五个方面，分别为传达战略意图、摆明是非态度、物质激励与精神激励相结合、内部激励与外部激励相结合、正激励与负激励相结合（见图9-5）。

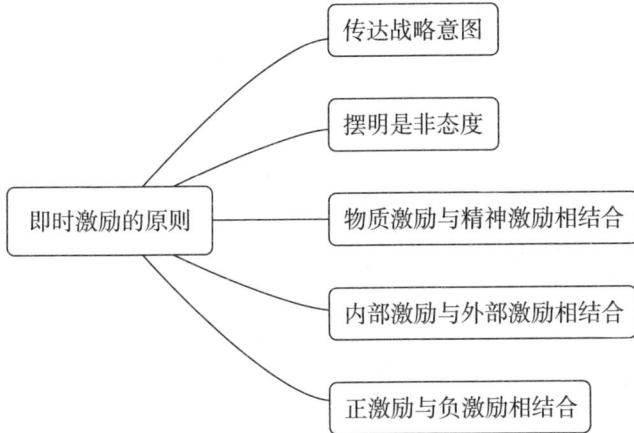

图9-5　即时激励的原则

1. 传达战略意图

即时激励要有依据、有针对性，一方面需要与企业的战略相结合，另一方面需要与员工的需求相结合。即时激励不是因为企业领导的一时兴起而设置的，而是考虑到实际业务的情况，与公司的战略方向保持一致。即时激励不能一味追求结果，了解员工需求是重要的过程，奖励员工需要的东西，才能起到激励的作用。

某企业为了激发员工的工作热情，成立了专门的督查小组，小组成员的工作内容就是检查与跟踪员工的工作进度，对员工的工作进行监督。面对正确行为，督查小组会及时发放奖励；面对错误行为，督查小组也会及时传达处罚。一段时间后，企业发现效果甚微。通过了解和分析，企业发现问题出在奖励与处罚上，原本的奖励是发放生活用品，处罚是口头警告。就奖励而言，很多员工在短期内可能会得到多次奖励，过量的生活用品对他们已经没有太多的激励作用；就处罚而言，多次出现错误的员工对于口头上的批评几乎持无视态度，对他们的影响不大。经过讨论与决策，企业修改了奖励与处罚内容，将奖励改为提升下月的基础薪资，对于员工来说，薪酬的吸引力是足够的；将处罚改为减少加班所获奖励，员工之所以出现重复错误，是因为追求数量的同时忽略了质量，降低加班所获奖励，会让员工重视工作质量。总结来看，即时激励的设置不仅要结合企业的实际目标，也要考虑员工的个人意愿。

2. 摆明是非态度

即时激励与员工工作行为存在指向关系，员工需要明确什么行为被企业鼓励，什么行为被企业限制，必须要摆明是非态度。企业界定行为正确与否，旨在让所有的员工明辨是非，为员工提供了监督奖励实施的机会。企业激励员工是为了提高员工工作积极性，不是为了给少部分人创造福利，所以员工可以根据被激励人员的行为性质评断出企业激励的人员是否合格。企业激励的员工合格，其他员工可以从被激励人员身上获取经验，将其运用到自己的身上，促进个人工作效率提高，企业激励的员工不合格时，其他员工可以及时进行反馈，企业愿意接收员工的意见，会让员工意识到自己被认可，从而会更加有工作的动力，愿意为了企业的未来而奋斗。

3. 物质激励与精神激励相结合

物质激励适合激励员工行为，精神激励适合激励员工思想，行为是临时的、短期的，思想是久远的、长期的。员工的工作行为与思想觉悟是相互关联的，那么物质激励与精神激励应该相结合。可以从两个层面提高员工的工作积极性、激发员工的工作兴趣。低金钱价值、高名誉价值往往是最有效的激励措施，有很多企业盲目认为只要有足够多的金钱，员工一定会尽可能发光发热，其实并非如此，笔者认为，大部分员工在需要金钱的同时，需要得到精神上的满足。物质奖励与精神激励同样重要，将两者结合能够发挥出意想不到的效果。

4. 内部激励与外部激励相结合

即时激励可以通过内部激励和外部激励来引起员工的工作兴趣。内部激励主要是指调整工作的难度，外部激励主要是指工作后的奖励与惩罚。首先，企业应该时刻关注员工的工作情况，假若员工工作进度慢，企业管理者可以适当降低工作难度，让员工在肯定个人能力后实现能力逐步提升。其次，企业应该及时对员工的行为表现进行反馈，对良好的行为要及时奖励，让受奖励的员工感受到被认同，也让其他员工趋向良好表现；对不良的行为要及时惩罚，让受惩罚的员工意识到自身问题，也让其他员工规避不良行为。

5. 正激励与负激励相结合

正激励是指通过奖励强化和重复贴合企业目标的行为，负激励是指通过约束消除或减少违背企业目标的行为。无论是正激励，还是负激励，都会消耗企业的资源。相比之下，正激励的次数可以适当减少，负激励的次数应该与不良行为出现次数保持一致。正激励应该是间断的，负激励应该是连续的。间歇性对员工进行正激励，可以鼓励员工良好行为，也可以节省时间、精力与资源；连续性对员工进行负激励，可以有效减少不良行为出现，避免对企业造成损失。

三、即时激励的要点

即时激励的原则是固定的，但是其策略与方式根据企业的不同存在区别。任何企业都可以结合实际需要与特点采取不同的激励方式，只要按照即时激励的要点制订方案就可以。即时激励的策略细节因企业不同而不同，但要点是基本的框架，对所有的企业都具有效果，包括商业银行。依靠即时激励的要点，企业可以更好提高员工工作效率。即时激励的要点主要包括高层第一推动、讲究即时迅速、要有事实依据、形式大于内容和放大关键行为（见图9-6）。

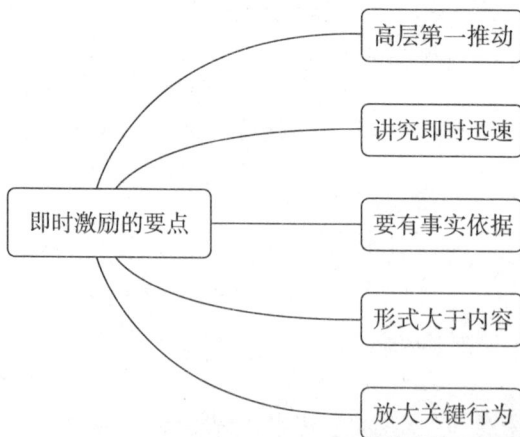

图9-6　即时激励的要点

1.高层第一推动

决定采取即时激励方案的是商业银行的高层管理者，他们是推动即时激励进展的第一双手，银行的基层员工只负责个人业务，对企业的了解仅限于部分项目。相比之下，银行高层可以全面地了解所有项目的实际情况，更能够清晰地规划银行的未来发展方向与战略，所以更容易制订出适合银行的即时激励方案。银行基层员工渴望得到银行高层的认可，领导的决策影响着员工的工作情绪与态度，员工也积极回应着领导的要求与规定，两者是一种"双向奔赴"的关系，所以即时激励很依赖高层的决定与想法。

杰克·韦尔奇（著名企业家）曾表示他的经营理念是要让每个人都能感觉到自己的贡献，这种贡献看得见、摸得着，还能数得清。他经常以写便签的方式即时激励员工，被激励的人员有很多，包括管理人员、基层员工等。几乎每天韦尔奇都会拿起黑色圆珠笔，针对自己最近一段时间内观察到的情况，他会即时写便签点评部分员工的行为。员工会在接收到韦尔奇的便签后即时做出反馈，并且会因为得到重视而更加努力工作，可见韦尔奇写这些便签的目的就在于鼓励和要求员工。

2.讲究即时迅速

即时激励的重点就在于"即时"二字，常见的激励有日激励、月激励和年激励。通过对比分析，不难发现日激励的效果好于月激励，月激励的效果好于年激励，这是因为员工等待的时间越久，激励的效果就越不明显。很多企业的领导持有一个观点：不要等到年关将至，才想着奖励员工。出现在年底的奖励更多时候不但不能起到鼓励员工的作用，还会让员工误以为是对下一年的预示，默认是企业的"画大饼"行为。激励员工要即时，发现员工良好的行为，商业银行就应该在第一时间给予表扬，相应地，发现员工不良的行为，商业银行业也应该即时给予警示与提醒。为了能够即时对员工行为进行评估与认定，商业银行应该花费精力去检查与跟踪员工执行工作的过程，即时给予员工鼓舞与指导等。

3. 要有事实依据

即时激励要讲究实际，不能泛泛规定内容，这样容易让员工云里雾里。商业银行应该清晰界定工作行为的正确与错误，让员工清楚地知道什么事情要做、什么事情没必要做、什么事情不能做。与良好行为、不良行为对应的是正激励、负激励，需要向员工明确企业的需求是重复良好行为、消退不良行为。除此之外，需要让员工知道具体激励形式是什么、评价员工行为的标准是什么，明确激励形式能够激发员工的工作兴趣，明确评价标准可以指引员工的努力方向。即时激励界定的行为表现与安排的激励细节都是有事实依据的，没有事实依据的即时激励没有价值，对员工来说如同欺骗。

4. 形式大于内容

为员工提供即时激励的物质奖励固然重要，给予员工更多肯定也很重要，这就是强调物质激励与精神激励相结合的目的所在，商业银行制定激励措施时，切记一个道理：形式大于内容，只会通过物质激励员工的企业只能在短期内获得效益，要想获得持久效益增长，企业就需要结合使用物质激励和精神激励。

某企业为了提高员工工作积极性，尝试制订即时激励的方案，管理者从物质激励和精神激励两方面设置了相应的内容（见表9-1）。

表9-1　　　　　　　　　某企业的物质激励与精神激励

物质激励	精神激励
为员工提供餐费	向员工道谢
给予员工现金奖励	公开表扬员工
为员工准备购物券	给员工写感谢信
为员工购买零食	与员工家人夸赞员工
赠予员工鲜花	在公告栏肯定员工行为
为员工颁发证书	打电话表扬员工
为员工颁发奖章	鼓励他人向员工学习

通过对比，可以发现物质激励消耗了企业的资金，精神激励如同"空谈"，但是却不能认为精神激励不具有作用，相反，精神激励很大程度上效果优于物质激励。对员工而言，比起得到的激励实质内容，更在意激励的形式。

5.放大关键行为

即时激励可以很好形成集体性记忆，通过放大部分员工的行为，既能鼓励正确行为的重复，也能约束错误行为的出现。选择需要被放大的关键行为时，商业银行要仔细甄别，一定是影响广大的、作用深远的行为，才可以起到良好的效果。

海尔的发展和壮大离不开张瑞敏的不懈努力，关于海尔与张瑞敏的故事，让人记忆深刻的一定是"砸冰箱"事件。1985年，一位客户反映自己买到的冰箱存在质量问题，他刻不容缓地对生产工厂进行突袭。经过一番检查，有76台冰箱不合格。有人提出可以将这些冰箱作为福利，折价卖给内部员工，遭到张瑞敏反对。他让负责制造这76台冰箱的员工出列，当着所有员工的面将各自生产的冰箱砸掉。这样的处理方式，震撼了很多员工，后续再也没有员工会消极怠工，用不合格冰箱滥竽充数了。时至今日，这一做法都还影响着海尔公司员工的工作行为。

分析上述案例，如果张瑞敏同意员工的提议，便会让员工认为生产不合格产品是被允许的，这样的不良风气如果蔓延下去，以后出现问题的可能就不仅仅是76台冰箱了，"大厦将倾，非一日之功"。问题日积月累迟早会导致企业走向消亡。张瑞敏选择砸掉冰箱就是为了警示员工，不认真的工作态度是不被允许的，正是因为有这样严格的行为界定，海尔才发展成为现如今的强势企业。企业通过对这一个关键行为进行放大，减少了诸多不良行为的出现，使工形成了客观的集体性记忆，员工清晰地记得不良行为的处理方式，会越发严格地要求自己，从而能够为企业创造出更大的价值。

PART 4

商业银行 532 模式之
赛马机制

一、 赛马机制的介绍

赛马机制在职场中是一种用人机制，重在比较与竞争，是指将两个及两个以上的员工安排在相同的岗位上，让他们相互竞争，展示个人能力的同时促进工作效率与质量提高。利用赛马机制，商业银行能够锻炼员工，让员工在竞争中成长并实现自我价值，让员工在竞争中进步，在进步中施展自我。

1.赛马机制的特点

赛马机制是近些年在企业内部使用频率很高的一种用人机制，旨在发挥人力资源的优势，充分利用员工的能力为企业创造价值，同时极大促进员工的能力提升，对企业和员工而言是一个双赢的机制。

赛马机制的特点主要有公平、竞争与提升。

公平是指结果公平。首先，处于赛马机制的员工的能力相差无几，大家站在相同的起跑线之上，企业为其提供相同的资源，设置的挑战内容相同，最终结果全凭个人发挥；其次，企业会将竞争的规则与内容统一告知员工，使员工可以在相同的时间内做好准备，不存在谁的优势特别大的情况；最后，赛马机制重在竞争，最终结果也会公开，员工有权知晓自己与竞争者的成绩，赢家光明磊落、输家心服口服。

竞争是指过程竞争。所谓赛马，就是让不同的"马"比赛，从中筛选出优秀者。职场中，想要实现发展，员工就必须参与竞争。当然，难免会存在不愿意主动竞争的员工，这些员工往往是被动参与，最后大多只能收获一个末位的成绩，如果这些员工不能被末位成绩激励，那么只能面对被淘汰的命运。

提升是指能力提升。员工可以分为三大类，头部员工、中层员工和末位员工。头部员工是指赛马成绩优异的员工，能够在竞争中脱颖而出，企业会为这类员工提供更多的机会并给予对应的奖励，从而推动员工进步；中层员工是指那些积极参与竞争，但是表现不甚突出的员工，这类员工也是值得激励的群体，在企业激励与优秀员工刺激的双重作用下，此类员工很容易实现能力提升；末位员工就是那些因为各种原因表现不佳的员工，这类员工中渴望进步的，会自我反思与提升，对于不思进取的员工，企业也只能选择放弃。

2. 赛马机制的应用

赛马机制被广泛应用于企业中，通常用于竞争激烈的工作岗位，发挥激励员工进取的作用，而许多工作内容竞争性不强的岗位也可以应用赛马机制，此时其起到的作用就是锻炼员工。

赛马机制用于人才选用，任何企业的发展都离不开人才的努力付出，只有重视员工的能力与进步，企业才能逐渐积累底蕴，员工能力的提升代表工作效率的提高，也就象征着企业的进步与发展。通过赛马机制，员工可以更加清晰地认识到自身能力的不足，从而能够针对性地完善与提升，同时，企业可以准确地掌握不同员工的优势，从而更好利用不同的员工优势。

采用赛马机制的主要目的就是将合适的人才安排在合适的岗位上，如果没有比较竞争，企业很难在众多的员工中筛选出合适的人才，赛马机制可以将不同员工的各项能力展示出来，企业可以通过甄选来确定合适的员工。商业银行如果选择应用赛马机制，就可以使得人才筛选更加合理、公平和科学。

二、赛马机制之明确目标

前面提到过，赛马机制主要包括三个方面，分别为明确目标、制定规则和定期复盘，下面介绍明确目标与制定规则的内容。由于复盘方面的内容较为复杂，并且复盘的工作较有难度，后续会详细介绍复盘方面的信息。

赛马机制的核心就是竞争，鼓励员工彼此展开竞争，需要明确目标。有了明确的目标，员工竞争才有方向。商业银行的赛马机制设置的目标应该符合统一、简单与有重点的特性。首先，目标应该统一，当参与竞争的员工需要完成的目标一致时，大家所处的竞争环节、拥有的竞争资源等多方面因素都是相同的，有利于横向比较员工优势；

其次，目标应该简单，商业银行采用赛马机制的目的是根据岗位需求筛选相应的员工，过多的目标反而会模糊初始需求，不利于精准定位符合要求的员工；最后，目标应该有重点，一个岗位需要的员工可能需要具备多样的能力，但是必然有几种能力是更重要的，因此，赛马机制所设目标要体现重点系数。

三、赛马机制之制定规则

制定规则是应用赛马机制过程中重要的内容，能够推动赛马机制实行，想要制定符合赛马机制的规则，商业银行需要注意四件事，分别为规则要平衡、规则要透明、规则要能"对话"和规则要有余地。

第一，规则要平衡。赛马机制内的员工为了完成竞争目标而付出努力，没有任何一个人应该被优待，大家的起跑线相同，因此制定的规则要公平、公正、公开。之所以强调规则平衡，而不是规则平等，是因为此处的平衡是为了保持赛马环境和谐，也就是说处于同一赛马环境的员工的能力应该是相近的，一些能力不足的人员不应该被动成为竞争的牺牲者。

第二，规则要透明。赛马机制就如同职场中的比赛，任何比赛都应该向参赛者讲明规则，透明的规则才是公平的。

第三，规则要能"对话"。常规意义上的规则大多是摆在纸面上的条条框框，而赛马机制本身就是一个情况多变的机制，员工在相互竞争的过程中难免会遇到无法预知的情况，此时的规则就应该视情况而变，在不断完善的过程中贴合赛马机制。

第四，规则要有余地。很多人认为，规则一旦设定，就需要起到强制作用，任何规则之外的行为都是错误的。然而，规则只是预想的既定框架，如果过程中发现有"情有可原"的情况出现，也可以在一定程度上"忽略"规则。

第十一章

为什么要做复盘

一、复盘的定义

复盘的定义主要有三种，分别是围棋复盘、股市复盘和项目复盘。第一种是传统意义上的复盘，围棋最早使用复盘来形容对棋局的回顾；第二种是将复盘引申到证券市场，对已经停盘的股市再静态地看一遍全貌；第三种是对企业项目回顾与反思，通过复盘项目的实际情况，可以发现问题、总结经验。笔者讨论的复盘就是第三种，商业银行必须重视复盘工作，有很多问题都是在项目结束后才可以系统总结与分析。复盘能帮助商业银行及时发现问题并解决问题，全面总结经验技巧为后续工作做铺垫。

孙陶然（著名的企业家）表示：自己有所成就的话，一半源于天资，一半源于复盘。对于任何一家企业来说，复盘是不可或缺的重要环节。取得成果固然值得高兴，但是项目的结束不代表实际工作的结束，一个项目的过程经验对下一个项目的进行往往有很大的促进作用。因为企业可以通过复盘已结束项目，从中挖掘有利于其他项目的经验与技巧。为了复盘而复盘，就会使复盘流于表面，违背复盘的初衷，导致浪费人力物力却没有得到让银行满意的结果。商业银行组织复盘工作，不是将项目简单地回顾一遍，应该进行有效复盘，认真分析细节，细致谈论内容，才能够实现很大进步。

二、复盘六要素

处于市场内极具前瞻性的行业，商业银行为了获得长久发展，都很重视复盘，通过正确、有效复盘，可以帮助银行员工实现高效学习与进步。复盘的目的是吸取教训、总结经验，因为其属于企业的高价值资产。通过复盘可以更好确定适合企业的工作方案与发展战略。复盘是温故而知新的工作，通过温习之前的项目，可以找到未发现的问题，也可以获取有用的信息。在掌握丰富内容的基础上，企业能够制定出创新的方针，从而促进未来工作效率提高。复盘不是一件容易的事情，如果想要让复盘有价值，就需要把握复盘六要素，将复盘工作做到尽善尽美，复盘六要素如图11-1所示。

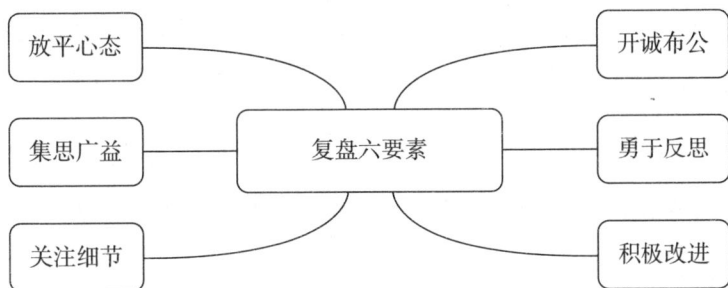

图11-1　复盘六要素

1. 放平心态

复盘的本质是一种学习，不同于大部分人认知中的被动听讲与吸收，复盘更加依靠员工的主动性，需要员工认真剖析内容、总结。员工将复盘看作学习行为，就应该遵循学习的做法，放平心态，不仅要积极地分析问题，还要虚心地接受其他人的意见。要想学到有用的知识，就必须有平稳的心态，努力发现和接收更多的信息。过于关注自我的员工不适合复盘，复盘作为一种高效的学习方式，需要的是接受不同见解，集各方精华于一体方能达到更好的效果，平和的心态在复盘环节中恰好可以发挥作用。

2. 开诚布公

复盘通常是一个集体性行为，多数商业银行内部结构复杂，参与业务处理的人数众多，不同的员工负责的工作内容不同，对工作的见解也会不同，有效复盘依赖于这些员工的共同回顾与分析。集体性行为会受所有参与者的影响，想要集中大家的智慧，就必须保证员工能够开诚布公，这主要表现在两个方面，分别为以集体利益为先和以真实信息为主。

第一，以集体利益为先。商业银行员工对银行应该有归属感，明白企业发展决定了个人利益，如果只是在乎自己的那些蝇头小利，能够获得也只有微乎其微的利益了，并且很有可能会损害他人的利益；假若将企业集体的利益放在第一位，商业银行员工就可以有共同、明确的目标，对银行效益提高很有帮助，也能够很快提升自身的利益，并且这样的提高是没有上限的。在很多企业内，制度管理一直强调团队为先，很多管理者也认为自己的员工做到了这一点，但其实真正贯彻团队为先的企业并不多，这必须依靠管理者的监督与引导。作为商业银行的管理者，应该允许员工自由发言，有想法就要勇于表达，不能藏着掖着，同时，需要让员工意识到集体利益的重要性，使其明白只有大家都好，个人才可以好。

第二，以真实信息为主。一次次复盘非常消耗时间与资源，但很多企业依旧选择复盘就是看重其效果，只有复盘出真实有用的信息，才能够发挥其更加直接与实际的作用。在复盘过程中，银行员工一定要确保自己所提供信息的真实性与准确度。实事求是，是做好复盘最基本的要求，脱离实际的信息失去了被复盘与参考的价值。经过复盘总结出来的内容反映出业务的实际情况，很有可能成为其他项目计划的基础，用来做实事，为企业创造价值。如果员工不能提供准确的信息，企业就没有办法针对问题制定策略、选取优秀方法等。

3. 集思广益

一个人再优秀，也很难比得过一个团体。复盘是针对业务的回顾，对事不对人，它的价值就在于总结集体的想法，并从中筛选出作用明显的内容。员工处于企业内部，便无法脱离集体，有义务为了团体的发展而思考。同时，企业的发展需要每一位员工的努力，因此应该尊重所有员工的意见。商业银行开展复盘工作，可以通过集体讨论、论坛发言等多种方式鼓励员工发表观点，集思广益。复盘是对已经结束项目的回顾，也是对未来项目的铺垫，员工的想法越多，企业制定的方针越具有可行性，这就是诸多企业家不断强调团队交流、尊重员工的原因所在。

4.勇于反思

商业银行通过复盘，可以发现员工的优异表现，也可以发现他们处理业务的不足之处，这两方面的内容分别对应着员工的成功与失败。只关注员工的成功，虽然可以激励员工，但是容易忽略不当行为造成的影响；只关注员工的失败，虽然可以警示员工，但是会打击员工的积极性与创新性。复盘通常由多位员工共同完成，复盘基调是对项目回顾，但是复盘的起始任务应该是员工各自反思，作为业务处理的参与者，每一位员工不仅要积极总结自己的成功原因，也要勇于反思自己的失败原因。

员工能够通过企业的考核，成为处理业务的一员，就证明员工具备一定的能力，受个人性格、经历的影响，员工一般会有独具特色的业务处理方法，在回顾分析工作历程时，其他人可以从中发现亮点，将其运用到自己的工作中使其成为一大助力。

如果说复盘成功是可以增强个人信心的事情，那么回顾失败就是勇于面对问题、勇于解决问题的事情。工作内容或许是固定的，工作过程中出现的各式各样的情况却是变化的，很少有员工可以保证自己毫无疏漏地完成工作。失败并不可怕，不敢面对失败才是致命的问题。很多优秀的员工都是在一次次失败中总结出经验，逐步变得优秀。反思失败原因时要按照重要顺序进行，如工作目标大于工作内容、工作态度大于工作能力等。复盘是由管理者带领着员工进行的，管理者具有较高的权力，也应该起到表率作用，管理者要及时反思问题，企业内部上下一心，才可以实现和谐高效复盘。

5.关注细节

复盘是一件很严谨的事情，不是系统回顾一遍项目内容就可以总结出有价值的经验，很多企业为了能够发掘出真正有用的内容，会选择不断复盘同一个项目，虽然会花费很多时间与精力，但是能够获得不小收获。细心认真对待复盘工作，商业银行可以逐渐发现很多细节上的问题，这就是其目的所在，复盘工作不能流于表面，实质性的问题都存在于"内里"，所以复盘人员应该有"刨根问底"的精神。强调关注细节，不是让员工将注意力放在细枝末节上，而是要从全局把控，不放过每一处细节，"就事论事"太过于保守，企业应该鼓励员工发散看待问题。

6.积极改进

复盘不能用来指明谁优秀、谁差劲，也不是一味追责，而是在回顾工作过程的同时吸取教训、学习经验，目的在于发现问题并解决问题。工作过程中出现的问题是多样的，通过复盘，商业银行可以系统总结出存在的问题，由所有的员工参与讨论，可以快速地剖析出现问题的原因，也就可以及时制定出合理的策略。发展迅速的企业一定会勇于面对现有的问题，只有存在的问题被彻底解决，企业才可以没有后顾之忧，加快发展的脚步，从而获得更多的增益。

三、复盘的方法

复盘一般按照分析、发现、反思与探究的步骤进行，旨在尽可能快速解决企业内部存在的问题，提高员工的工作效率，促进企业稳定发展。为了能够高效复盘，诸多商业银行都在寻求合适的复盘方法。使用频率较高的复盘方法主要有KPT复盘法、3R复盘法、KISS复盘法、PDCA复盘法、GRAI复盘法和STAR复盘法（见图11-2）。

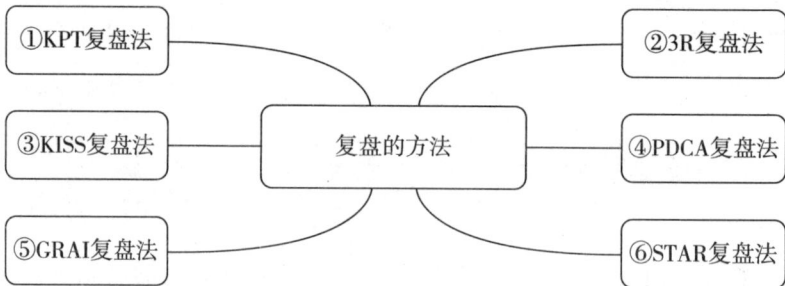

图11-2　复盘的方法

1.KPT 复盘法

"K"是指Keep，即保留，对于过往项目内良好行为、策略等正面因素，可以进行保留并运用到后续的工作项目中；"P"是指Problem，即问题，分析之前工作中存在的问题，对偶然性问题需要规避，对经常性的问题需要解决；"T"是指Test，即改进，在发现问题的基础上，归纳出需要解决的问题，制定相应的策略进行处理。可以保留的内容有高效的工作方法、良好的工作习惯、优良的工具等；需要被发掘的问题包括客观需要解决的问题和主观可以避免的问题；复盘工作是持续的，改进行动也是伴随存在的。企业不断发展，就需要不断复盘，不断分析并解决问题，以此维持企业稳定进步。

2.3R 复盘法

3R分别是指Record（记录）、Reflect（反思）与React（提

炼）。记录是指将整个项目的处理过程事无巨细地记录下来，以便于后续回顾与分析；反思是指不断回想工作过程中的行为，正确的行为可以延续，错误的行为需要避免；提炼是指从反思的内容中提取有用信息，教训与经验都是复盘创造的收益。这种复盘方法的工作重点在于反思，复盘的目的是解决问题，而反思可以发现问题，可以说反思是复盘工作进行下去的支撑，缺乏反思的复盘实际意义不大。

3.KISS 复盘法

"K"是指 Keep（保留），"I"是指 Improve（改进），两个"S"分别是指 Start（开始）与 Stop（停止），这种复盘方法适用于工作或者项目结束后，保留环节同样是对好的工具、方法与习惯等延续采用；改进措施同样是对不良行为进行改善，对恶性问题进行处理。比较特殊的是两个"S"，开始是指工作或者项目结束后，分析出未能完成的事项，需要重新启动并完成这些事项；停止是分析项目中存在的一些不良行为，并明确这样的行为应该被删减与放弃。保留是为了维持优势，改进是为了填补不足，开始是为了推进计划，停止是为了及时止损，这四项工作相互衔接、缺一不可。

4.PDCA 复盘法

PDCA复盘法常用于短期工作复盘，"P"是指 Plan（计划），主要是对工作计划与安排；"D"是指 Do（执行），按照已有的计划安排，及时处理并完成业务工作；"C"是指 Check（检查），工作完成后，对工作结果进行检查，明确实际结果与计划的差别，发现不足与问题；"A"是指 Action（处理），检查工作结束后，能够总结出执行工作过程中的实际情况，对于好的经验表示肯定，对于坏的行为表示摒弃。计划是根据工作要求制订工作计划；执行是落实工作计划；检查是检查执行工作的过程与结果；处理是明确工作行为正确与否，保留正确行为、去除错误行为。

5.GRAI 复盘法

"G"是指 Goal（目标回放），对工作目标进行回顾；"R"是指 Result（结果评估），将工作执行的结果与设定的工作目标进行对比，明确完成的程度与差距；"A"是指 Analysis（过程分析），仔细分析工作的全部过程，细致确定结果出现差别的原因；"I"是指 Insight（规律总结），经过不断对比分析，确定问题所在后明确解决措施，尽可能总结归纳问题出现的规律，以便于应对工作中批量的问题。使用这种复盘方法，主要目的是解决问题，隐藏任务是发现规律，如果未能发现规律也不必气馁，能够解决问题就已经取得成效。

6.STAR 复盘法

STAR 复盘法常用于员工的个人复盘，其中，"S"是指 Situation（情境），通过描述画面达到情境再现的效果，重点突出在工作过程中遇到的问题与关键事件；"T"是指 Task（任务），阐述项目中自己的任务，明确个人需要承担的责任；"A"是指 Action（行动），表述自己执行工作的过程与细节；"R"是指 Result（结果），分析采取的行动铸就的结果，分析自己的认知与收获。

四、打造复盘体系

通过复盘，商业银行可以对各种工作及对应的后果进行预测与审视，了解员工成功与失败的原因，提取成功项目中有用技巧，筛查失败项目中的实际教训。为了保证复盘工作顺利进行，商业银行应该建立一个完整的复盘体系，主要包括三个方面内容，分别为复盘目的、复盘时间、复盘类型。

1.复盘目的

商业银行复盘目的主要包括解决问题、完善技巧与反思提升。首先，对工作复盘，可以发现诸多问题，并能够根据问题制订解决方案；其次，埋头苦干不一定能够取得良好的工作成效，应该讲究技巧，通过复盘可以将有用的技巧总结出来用来处理更多工作；最后，复盘的同时员工对个人工作历程进行反思，能够有效提升自身能力。

2.复盘时间

按照工作含量，可以基本确定复盘时间。在工作过程中，存在大小不同的问题，在工作结束后，需要进行全局复盘。针对小的事情、小的问题，及时发现及时更正更加合适；针对大的事情、大的问题，需要进行仔细复盘分析，可以提前安排复盘事项，对工作中存在的大型问题进行分析与解决。针对整体的工作，应该有全面的复盘行动，复盘一个项目是为了给下一个项目积攒经验与技巧，在企业内部形成一个关于复盘的闭环，促进业务项目高速完成。

3. 复盘类型

常见的复盘类型主要有自我复盘、团队复盘和复盘他人。自我复盘也就是个人复盘，通过对自己工作的回顾，反思自己的问题，旨在提高个人职业能力，提升后续工作效率；团队复盘主要是对项目复盘，所有的项目参与者都是复盘的主力军，通过大家集思广益，可以有效解决项目问题；复盘他人大多是管理者对员工的行为复盘，管理者需要全程监督员工的工作并做好记录，以旁观者的身份剖析员工执行工作中的问题并给予适当的处理办法。

一、管理者需要考虑的八大重点

对于员工来说，完成工作就万事大吉了，但对于管理者来说，仅仅完成工作远远不够，还需要从结果中挖掘有价值的经验或技巧。管理者很多时候需要同时管理多个项目。复盘对管理者有很大的作用与价值，管理者通过复盘可以及时发现问题，保证后续项目顺利完成，同时，复盘结束后管理者可以获得更实用的技巧和更好的方案，有利于提高项目管理效率。开展复盘工作，管理者需要考虑的八大重点，分别为选择复盘内容、确定复盘信息、罗列起始目标、对比目标结果、进行自我剖析、注意总结规律、积极反思自身和归档复盘信息（见图12-1）。

1. 选择复盘内容

为了保证复盘工作的必要性，一般会选择对近期的工作进行回顾与反思。当然，也有时间跨度较长的复盘，如年度复盘，需要被复盘

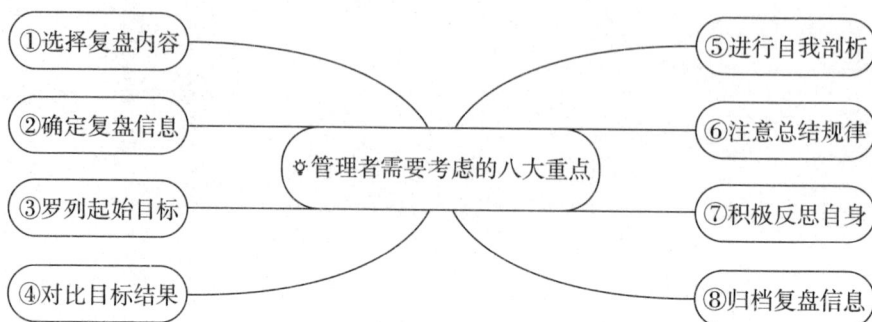

图 12-1　管理者需要考虑的八大重点

的内容过多，需要罗列所有的项目，从中筛选有复盘意义的内容。选择复盘内容主要包括选取代表性项目和复盘者参与项目（见图12-2）。

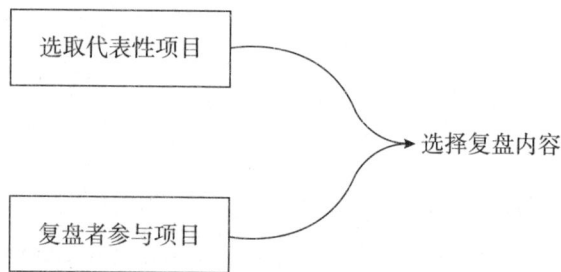

图 12-2　选择复盘内容

（1）选取代表性项目

假若复盘的周期很长，需要复盘的项目就会有很多，如果所有的项目都回顾一遍，必定花费非常多的时间，这样的做法并不可取，所以可以选取一些代表性的项目来复盘。复盘工作者可以将所有的项目列举出来，并对项目进行分类，从每类项目中选取一个进行复盘。

（2）复盘者参与项目

只有自己参与过的工作，复盘起来才更加准确和轻松，同一个项目内的业务会存在关联，员工分析起来难度一般不高。并且，复盘工作离不开团队合作，员工可以和其他参与者共同完成复盘工作，大家任务分明地回顾与反思工作还可以提高复盘的效率。

2.确定复盘信息

复盘使用的信息需要准确有效，所以对数据的时效性有较高的要求。如果员工能够在执行工作的同时做好信息记录，对复盘工作会有很大帮助。对工作过程中的信息，员工应该做好取舍，不需要全程记录，只要挑选出重点即可，这样既能提高所记录信息的准确性，也可以节省时间。处于不同的岗位，员工需要记录的信息范围不同，比如，银行运营岗位的员工需要记录的信息包括过程数据、结果数据与实际经历等；银行产品岗位的员工需要记录的信息包括产品信息、用户反馈等；银行策划岗位的员工需要记录的信息包括客户需求、设计方案等。

3.罗列起始目标

展开复盘工作要求复盘工作者将工作起始设置的目标一一列举出来，切记要准确罗列，不要混淆已完成结果与起始目标，不然就会失去复盘的意义。明确起始目标的完成程度，可进一步发现个人问题，并能够及时处理这些问题，避免引起意想不到的麻烦。

4.对比目标结果

目标与结果是工作的起点与终点，员工开始处理业务时，为了明确工作方向，会在工作计划中确定工作目标，但是最终的工作结果与起初设置的工作目标难免存在不同。对比预期目标与实际结果，可能出现达到预期目标、低于预期目标、超越预期目标、增设目标内容、删减目标内容五种情况（见图12-3）。

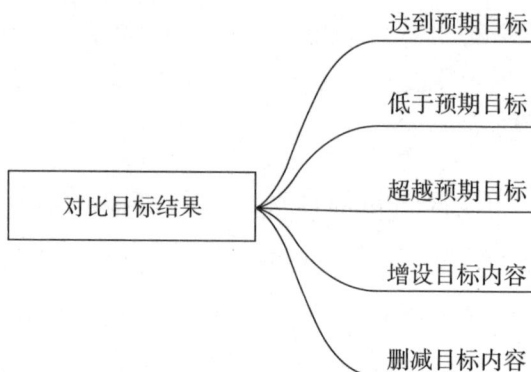

图12-3　对比目标结果

（1）达到预期目标

目标等于结果，就是达到预期目标的体现，按照管理者设置的工作计划，员工专注地处理个人业务，通过不断努力完成工作，复盘时对比计划目标与最终结果，两者几乎持平，员工这样的表现一般会被认为是中规中矩。

（2）低于预期目标

员工未能达到预期目标，就是对比发现目标与结果之间存在差距，并且差距源于员工未能按照要求完成工作。两者之间的差距通常会有界定，差距较小时，企业可以给予员工证明自己的机会，不能直接否认员工的付出；差距较大时，企业应该剖析其中缘由，如果是无法原谅的不当行为，就需要警示或告诫员工，严重的情况可以进行批评或调离。

（3）超越预期目标

超越预期目标，就是员工成果超过预期的目标，超常发挥，这对企业来说是一件积极美好的事情。发现员工表现优于预期程度，企业就可以复盘分析员工的行为，总结出规律，用于员工培训，以利于提高集体的工作能力。

（4）增设目标内容

工作计划是员工执行工作的框架，计划中设定的目标能够指引员工的工作方向，却不能限制员工的思维，处于工作执行阶段的员工更清楚如何正确处理业务、解决问题，所以员工可以根据个人想法适当地增设目标内容，目的是完善业务，这样的行为与做法通常被企业允许。

（5）删减目标内容

管理者的决定不一定完全正确，比起管理者，实际工作的员工更加熟悉业务细节，有些领导者的计划过于理想化、思维化，员工可以根据工作中出现的不确定情况，适当地改动工作计划，如果原有的工作目标没有存在的必要，员工完全可以忽略或删减目标内容。

5.进行自我剖析

复盘的关键要点在于进行自我剖析，其做法是现阶段自我评价与分析过去的自我，现阶段的自我固然有所进步，但依旧可以从过去的自我身上学习到更多东西。自我剖析切忌过分自我肯定，要勇于面对自己的不足，并做到客观分析问题。银行员工如果想要通过自我剖析来发现个人问题，可以从三个方面进行，依次为可控因素、半可控因素和不可控因素。

（1）可控因素

可控因素是指在工作过程中，员工可以通过自身控制而解决问题的因素。针对这一类的因素，员工应该反思自己为什么没有做好，是不够努力、还是不够认真，抑或是能力不足等。此类问题可以依靠自己解决。

（2）半可控因素

半可控因素是指员工可以通过控制个人行为在一定程度上避免错误出现，但无法完全解决问题的因素，这样的因素通常是复杂多样的。面对半可控因素，员工需要思考通过努力可以解决的问题有哪些，无法依靠自我解决的问题有哪些。为了降低半可控因素对工作进展的负面影响，员工可以提高可控行为的出现次数，尽可能减少不可控、不良行为的出现次数。

（3）不可控因素

不可控因素是指完全不被员工控制的因素，如项目的投入资金、合作者的工作干扰等。针对这些不可控因素，员工只能迫使自己与其共存，通过调整个人心态、提高自身能力来降低不可控因素造成的不良影响。

在反思与剖析中，员工逐渐明确自己的工作重点与核心，有利于精准解决工作中的问题。展开自我剖析，是每一位员工都需要经历的事情，不仅要分析工作内容，也要及时反思自我，达到从内部提升自我的目的。

6. 注意总结规律

复盘的目的不是了解员工在工作过程中的表现好坏，而是让日后的工作效率有所提升，而复盘的关键就在于总结工作中的规律，管理者找到适合员工的、符合业务实际的规律，就可以设计出更加优质的工作计划与方针，促进员工工作效率的提高。不要认为被总结出来的规律一定是高深、复杂的，比起特殊规律，一般性规律在商业银行使用价值更高、适当的时候，可以根据员工群体分类规律，设计出区别性工作方针。

7. 积极反思自身

复盘进行到后面，管理者基本已经掌握了有用的策略，如果这时候松懈下来，很有可能会前功尽弃、功亏一篑。无论复盘进行到哪一步，管理者都应该保持质疑的态度，时刻反思自己的想法，不断完善改进总结出的策略。管理者归纳出来的方法在投入使用之前，需要被验证，如果总结出来的策略与很多优势企业的具有相通之处，那基本可以确定其正确性了。如果偏差较大，也不要急着否定，可以通过小规模试验测试策略的可行性，实用程度较高的策略即使区别于其他企业的，也可以作为特色方针应用到自己的企业项目中。

8. 归档复盘信息

复盘是一个比较繁杂的过程，中间会使用到很多信息，分析回顾后，复盘所用信息已经在现阶段没有价值，但是从长远的角度考虑，这些信息具有更高的参考与分析价值，后续的工作也可以进行借鉴与使用，所以应该将复盘信息进行整理并归档。保存复盘信息的方式有很多种，可以纸面保存，也可以云端储存。不过基于信息的数量，通过云端储存更加节省资源，也更具安全性。

二、复盘前的沟通工作

通过复盘，商业银行管理者可以实现高效管理并提高员工的绩效水平。肯定了复盘工作的重要性后，就需要保证复盘顺利进行。开始复盘之前，对参与复盘的员工应该做好提前沟通。单纯依靠管理者做复盘是不现实的，复盘是对项目执行者工作过程的回顾，作为被观察与考量的因素之一，员工应该积极地配合管理者的复盘工作，及时做好复盘前的沟通工作（见图12-4）。

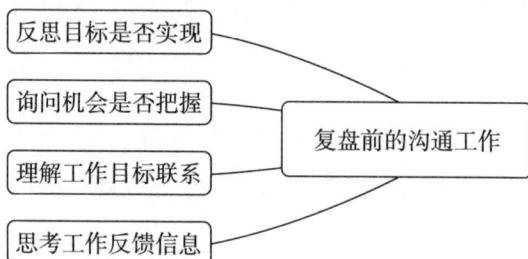

图12-4　复盘前的沟通工作

1.反思目标是否实现

管理者在分配工作任务时会为员工指明工作目标。工作结束后，员工作为复盘的参与者，应该反思自己的工作结果是否达到预期目标。反思的结果是管理者比较关心的，会作为复盘的重要内容被反复剖析，有效的反思结果更有可能作为范本被记录在管理者的复盘档案中。

2.询问机会是否把握

银行员工应该不断询问自己是否发现了关键的机会。人们常说："机会是留给有准备的人的。"员工在处理业务的过程中，应该时刻关注工作进展，以便及时把握机会。例如，管理者在复盘项目的时候，比较信赖员工的表述，员工可以讲解自己发现机会的方法与过程，这对复盘工作十分有利，能够推动复盘工作的进程。

3.理解工作目标联系

员工应该清楚自己的工作内容与管理者的期望工作目标存在的联

系，在确定个人任务对目标的影响范围后，员工就可以知道哪些工作需要被细化，哪些工作可以适当简化，既能够提高关键工作的处理效率，也可以缩短业务处理的时间。

4.思考工作反馈信息

管理者允许员工参与复盘工作，一方面是想要获取工作中的一手信息，另一方面就是信任员工的能力。作为复盘的助手，员工需要思考自己能够提供什么信息反馈给管理者，复盘工作的顺利进行离不开员工提供的有效信息。

三、营造宽松的复盘氛围

有不少组织过复盘工作的经验者笑谈："复盘办法千千万，没有氛围都白干。"可以看得出来，营造良好的复盘氛围至关重要，复盘是对工作的总结与回顾，最佳的复盘氛围应该是宽松的。员工的想法是各具风格的，在宽松的氛围下表达没有负担，并且，复盘的宗旨是制定合适的策略，宽松的氛围使得这项工作自然化、准确化。营造宽松的复盘氛围意义如图12-5所示。

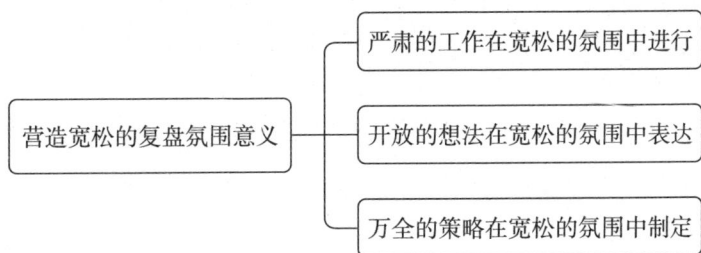

图12-5　营造宽松的复盘氛围意义

1. 严肃的工作在宽松的氛围中进行

很多人认为复盘工作是某种程度上的"审判"，是对员工工作结果的评估。结果评估是复盘的一个环节，但不是主要内容。复盘的重心是分析、总结、反思，绝对不是评估。复盘不同于考核，发现员工的问题第一时间不是分辨责任归属，而是思考如何解决问题。如果在压抑的氛围下进行复盘，对员工来说压力巨大，对管理者来说则是考验，所以需要在宽松的氛围下开展复盘。工作的性质与氛围应该是相互抵消的，越是严肃的工作，就越需要宽松的氛围衬托。宽松的复盘氛围能够为员工减轻负重和压迫，从而激发自身的潜能，用来探索更关键的信息。

2. 开放的想法在宽松的氛围中表达

商业银行需要明白，复盘不是管理者单方面的工作，作为企业的一员，任何员工都有责任和义务配合管理者进行复盘，所以员工应该积极地表达想法。管理者需要工作意见是一回事，员工能够表达出来是另一回事。试想，一个人兢兢业业地处理完自己的工作，本来可以放松下来，忽然被拉入一个紧张的复盘氛围中继续分析工作，那他会多么疲惫，所以鼓励员工去表达的好方式就是营造宽松的复盘氛围。很多优秀的企业都倡导"工作中娱乐，娱乐中工作"，这不是支持员工不认真对待工作，而是希望员工能够在情绪放松的状态下完成工作，既没有工作压力，也不会消极怠工。同样，商业银行如果需要员工参与复盘，就应该让对方自然地回想与放松地表达。处理业务本身是一件高强度的工作，业务结束后的复盘是对工作全过程回顾，愉悦回想不仅可以得到更多关键的信息，还可以缓解员工的疲劳情绪。

3. 万全的策略在宽松的氛围中制定

组织复盘活动是为了发现工作中的问题，并制定出具有指向性的策略，这离不开管理者和员工的共同努力。复盘工作比较繁杂营造宽松的氛围便于好策略产生。复盘时发现工作存在问题，对管理者和员工来说都不是愉快的消息，此时应该保持平常心，宽松的氛围能够让复盘参与者放松，从而可以心无杂念地制定策略。

一、坚持每日复盘和每周复盘

工作中注重复盘，能够有效将工作反思、总结、提高整合到一起，形成合理的工作策略，帮助员工高效处理业务，商业银行业务长期拓展离不开复盘的助力。银行员工工作中的每一处细节都有可能成为复盘的要点，为了保持工作策略的时效性，商业银行要坚持复盘，可以选择进行每日复盘和每周复盘。

1. 坚持每日复盘

每日复盘适合用于员工个人复盘，员工应每天对自己的工作进行复盘回顾。坚持每日复盘，员工需要考虑五个方面的内容，主要包括复盘信息记录、固定复盘提示、随时随地复盘、复盘工具采用与复盘方式选择（见图13-1）。

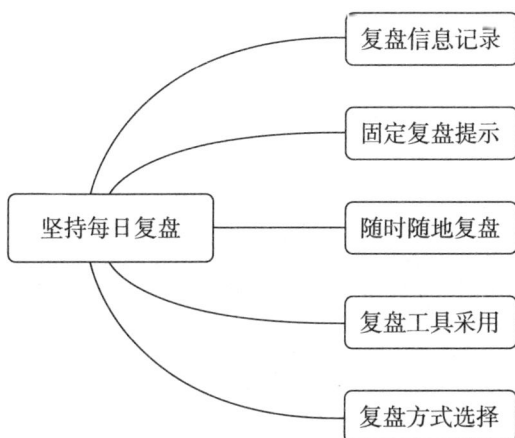

图13-1 坚持每日复盘

（1）复盘信息记录

善于复盘的员工一定善于记录，工作时记录要点，工作结束后员工从记录的处理方法中发掘有用信息。

（2）固定复盘提示

每日复盘不是整天复盘，员工的日工作内容主要是处理个人业务，复盘所占用的时间很少，为了灵活自由复盘，没有必要规定复盘时间，员工可以根据个人习惯选择时间进行复盘。企业可以设定提示每日复盘的时间，企业不能要求员工在非工作时间进行复盘，员工应该在工作时间内完成复盘以保证复盘有效性，那么工作结束时间与复盘提醒时间中间的时长一定要足够员工完成复盘，这样就固定了复盘的提示时间。

（3）随时随地复盘

员工需要随时随地观察并反思自己的行为，可以建立一个表格将复盘内容进行整理收集，以便于随时翻阅（见表13-1）。

表 13-1 每日复盘内容

表现	具体说明	出现频次
工作情绪不高	没有及时的调节个人情绪，影响工作状态	5
工作数据错误	计算数据被周遭氛围影响，导致思绪混乱	3
工作行为重复	忘记记录某项工作行为，消耗不必要时间	2

（4）复盘工具采用

适用于每日复盘的工具主要有记录日志和要点日志，利用较长时间记录过程的工具是记录日志；花费较短时间罗列要点的工具是要点日志。员工可以根据自己当天的忙碌程度选择采用合适的复盘工具，工作任务轻松的时候可以选择写记录日志，工作量较大的时候则可以采用要点日志简单记载一些要点。无论选择哪种工具记录工作，都要形成良好的习惯，通过日积月累，员工可以掌握更多工作过程中的信息。

（5）复盘方式选择

每日复盘的时间有限，为了能够明确复盘过程中记录的信息，员工选择的每日复盘方式一定要简单明了，可以选择分类复盘或对标复盘（见图 13-2）。分类复盘是将工作内容按照性质不同进行分类，将不同的行为表现记录在相应的栏目下即可；对标复盘需要确定参照，通过对比分析个人的问题。

1）分类复盘

使用分类复盘的方式可以制作表格，记录工作的同时进行分类，员工再次查阅信息时更加方便快捷，有利于提高复盘效率，某员工制作的分类复盘表格如表 13-2 所示。

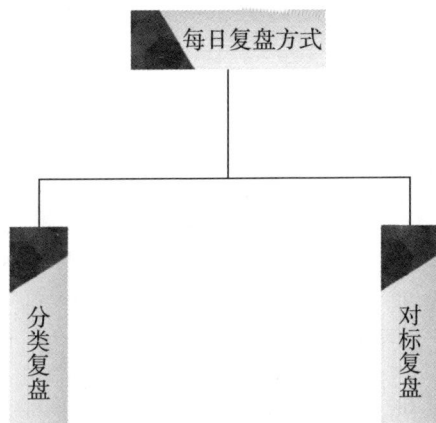

图13-2　每日复盘方式

表13-2　　　　　　　　　　　　分类复盘

工作	社交	财务
家庭	时间（某年某月某日）	学习
健康	情绪	娱乐

员工可以根据影响工作因素的不同对表格内容进行改动，比如，对于工作任务量较大的员工来说，娱乐项目几乎不做考虑，就可以将其删除或忽略。

2）对标复盘

处于相同的工作环境，处理相同的业务，不同员工的工作效果也会存在差距。所以员工在每日复盘前，可以先行确定一个比较的对象，将其作为参照与标杆，分析对方的优点，从中总结出对方比自己出色的原因，从而逐渐提高个人能力。对标复盘会使员工产生适当的落差感，适当的落差感既能够激励员工进步，也不会打击员工信心。

2. 坚持每周复盘

每周复盘适用于阶段性复盘，是基于每日复盘而开展的，没有每日复盘的记录，每周复盘是没有信息支撑的，不能顺利地进行下去。商业银行的业务项目大多具有一定难度，很难在一周内完成，所以每周复盘更多针对阶段工作回顾，不能太过于冗长复杂，仅仅需要通过真实的数据做出评估与总结就可以。每周复盘具有清晰的步骤，依次为总结未完成项目、分析已完成项目、界定待完成项目的重要性、为下周计划提供指导、进行每周复盘总结（见图13-3）。

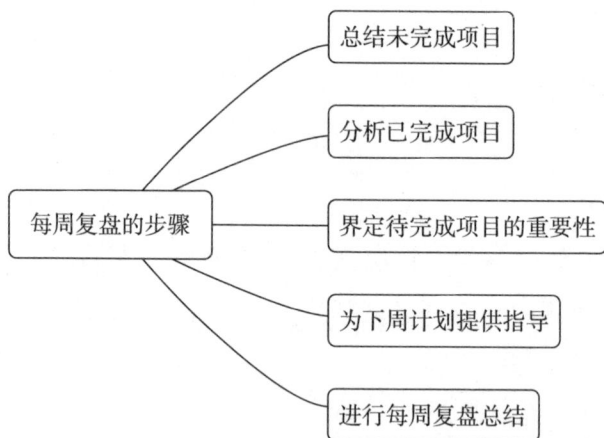

图 13-3　每周复盘的步骤

（1）总结未完成项目

员工每周都会完成一部分项目，为了确定接下来要完成的项目内容，应该对未完成的项目进行总结。首先，回顾未完成项目并不需要翻阅七天的工作内容，只要认真完成工作，员工对自己的工作行为一定有印象，完全可以从总计划中划掉已经完成的项目，同时确定未完成项目。其次，可以对未完成项目进行分类，这样执行工作的时候更加方便。最后，每周复盘的基础是每日复盘，根据自己的复盘记录，员工基本可以筛选出未完成的项目，接着分析其中的原因，解决问题。

（2）分析已完成项目

已经完成的项目同样具有复盘的意义，员工可以分析已完成项目成功的原因，从中总结出规律。与上一个步骤差不多，员工同样可以从以往的每日复盘记录中查阅已完成业务的信息，对项目进行分类，分析相同类型的项目更容易总结出通用的规律与技巧。

（3）界定待完成项目的重要性

企业内的任何工作项目都可以分为四类，分别是重要且紧急的、重要但不紧急的、紧急但不重要的、不紧急也不重要的，员工可以对未来需要完成的项目按照这四种进行分类。

（4）为下周计划提供指导

根据对未完成项目的分析与总结，员工可以知道自己的问题所在，进而可以着手设计解决方法。由于未能完成的项目安排在下周，下周的工作计划就可以延用本周制定的策略，这样很大概率能够保证项目顺利进行。员工为自己制定策略，更加符合个人的习惯，处理业务的效率更高，每周复盘的作用在这一环节被展现得淋漓尽致。

（5）进行每周复盘总结

员工可以在每天记录一个细小简单的心得技巧，在进行每周复盘时合并相关内容，保留有用的信息，分析提炼，删减重复的信息，随着时间的增加，便可以逐渐归纳出有实用价值的认知。

二、情绪复盘很重要

人是情感丰富的生命体，情绪时常伴随人们左右，有的人会认为自己没有任何情绪，其实并非如此，平静也是情绪的一种。情绪虽然不足以指引人的行为，却可以影响人的举动。如何控制自己的情绪，对很多员工来说一直是一个难题。关注情绪是员工提高工作效率的重要举措。现如今，商业银行为了帮助员工成为情绪的主宰，开始提倡情绪复盘，确实也取得了一定的成效。

1. 情绪复盘的重要性

随着商业银行内部竞争不断加剧，企业更需要情绪稳定的员工。企业人才数量大于岗位需求，有的人可以胜任职位，有的人无法胜任，区别基本不在于能力高低，而在于工作心态不同。能够做好情绪管理的员工往往表现更加出色。当然，很少有人可以保证刚步入职场就可以控制好自己的情绪，能够很好处理情绪的优秀员工都是经过历练的，从一次次的复盘中发现问题并解决问题。通过情绪复盘，银行员工可以保持良好的心态，对身心健康有很大的帮助，并且可以更好处理人际关系，形成愉悦的团队工作氛围。情绪复盘的重要性如图13-4所示。

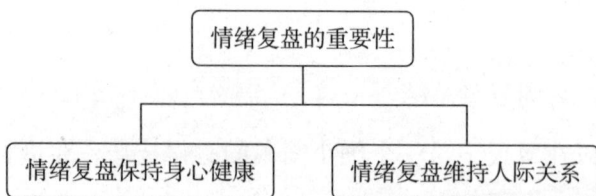

图13-4 情绪复盘的重要性

（1）情绪复盘保持身心健康

一切有效行为表现的前提是有一个健康的身体，而情绪是影响身心健康的一大因素。在工作过程中，银行员工可能会因为业务或者个人私事而情绪不佳。如果一味要求员工专注工作，很有可能会影响员工的身心健康，所以企业应该积极鼓励员工进行情绪复盘。员工通过对自己情绪的回顾，能够追溯情绪不佳的原因，可以及时采取措施进行调整，防止影响工作进度与个人绩效。

（2）情绪复盘维持人际关系

业务性质包含服务的商业银行，非常渴望自己的员工善于交际，处于职场环境中，缺乏社交很难走长久，但盲目社交可能会给他人造成困扰，有尺度有技巧社交才具有实际作用，员工如果想要提高有效社交的频率，最重要的就是情绪管理。个人情绪问题是自身问题，不能伴随着社交出现，所以员工应该做好情绪管理。这就要依靠高效的情绪复盘，不断反思情绪问题并改进。这样做可以逐渐提高员工的社交能力，从而维护员工之间的人际关系。

2. 情绪复盘的步骤

情绪复盘，这一概念与方法经常用于育儿教育，主要步骤包括记录、回顾和反思，随着情绪复盘方式作用不断泛化，有很多企业开始认可其价值与作用。员工的工作状态与能力决定个人绩效水平，如果说能力可以决定员工绩效的下限，那么状态就可以影响员工绩效的上限。情绪波动对员工工作状态的影响很明显，越来越多企业开始重视员工的情绪管理。为了帮助员工尽快降低情绪的负面影响，商业银行可以引用上述步骤并增加总结步骤（见图13-5）。

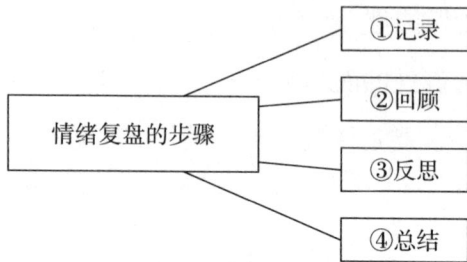

图13-5 情绪复盘的步骤

（1）记录

情绪是员工执行工作中的一个催化剂，它的催化作用是双向的，良好的情绪能够促进工作效率提高，不良的情绪就会使工作进展缓慢。情绪复盘的目的在于降低不良情绪对工作的影响。当员工情绪不佳的时候，通常难以做出正确思考与判断，此时就需要将造成情绪不佳的原因详细记录，以便于后续回顾与反思。

（2）回顾

情绪复盘需要依靠员工个人完成，其他人的帮助是次要的，不能起到主导作用。员工情绪稳定后，可以回顾自己的情绪记录信息，此时他不仅是当局者，也是旁观者，作为当局者，员工能够清楚其中缘由；作为旁观者，员工能够理智分析问题。通过复盘当时的情绪，员工可以仔细回忆当时的情景与状态，从而能够准确剖析情绪失控的原因，在之后的工作中尽量避免情绪失控。

（3）反思

回顾结束后，如何规避情绪问题的出现便成为一大难题，员工需要不断反思个人行为，判断自己的行为正确与否，为后续的总结工作奠定基础。

（4）总结

反思后需要对情绪进行总结。总结工作具有一定难度，需要员工整合所有的情绪复盘信息，从中总结出一些有价值的规律性结论，在此基础上制定管理情绪的策略。

三、复盘，重新定义学习

有很多人觉得工作完成已经是最终结果，再花费时间回顾工作的过程不过是白费力气。但是对于商业银行来说，一个项目结束还有其他项目需要完成，所以需要不断从已结束项目中挖掘有用信息，这就要靠复盘来促成。常言道："不能在同一个地方摔倒两次。"复盘工作的目的就是通过回顾过程来发现问题，从而避免下一次出现重复错误。复盘，是另一种形式的学习，相比于传统认知里的从零学习，复盘主要学习鉴别对错，帮助员工保留好的、摒弃坏的。

1. 复盘要把握重点

并不是所有的工作内容都值得复盘，很多无效信息拿来回顾，员工不仅会一无所获，还会浪费很多时间与精力。

2. 复盘应从僵化到优化

所有的复盘工作者都是从初学者一步步发展成为经验丰富的复盘专家，对于不甚了解复盘方法的员工而言，可以先从养成复盘习惯开始。员工首先可以按照回顾目标、评估结果、分析原因和总结经验的基本流程进行复盘，随着个人复盘经验的累积，员工可以结合个人想法与喜好优化自己的复盘方法、计划、步骤等。

3. 复盘应定期回顾

记录是一件很简单纯粹的事情，相信大部分的银行员工都可以轻松完成，但是回顾工作具有一定的难度，不仅需要回顾，还需要梳理和总结。如果想要高效完成复盘的回顾工作，员工就需要学习如何快速把已知的信息串联到一起，从中总结出规律与经验。

4. 复盘需逐渐自然

刚开始投入复盘工作中，银行员工会感觉到较为艰难与吃力，随着个人能力的增长、复盘经验的积攒，其能够慢慢感觉到自身复盘效率如何。在接收到工作任务后，员工很难判断工作与方法的适配程度，即什么任务需要用什么方式处理，通过多次复盘，员工能够对自己的工作经历进行回顾，发现行为方式正确与否，之后处理业务的时候就可以快速决定应该选择怎样的方式。

复盘是可以被长期使用的学习途径，同时，能够应用的范围比较广泛，不仅适用于个人，也适用于组织和企业。复盘被越来越多企业认可。商业银行可以通过复盘及时发现问题，并制订有针对性的解决方案。并且，复盘经验可以随着次数增加而丰富，这也是企业鼓励坚持复盘的原因。

四、复盘中的自我剖析

自我剖析是指员工在复盘后对自己的行为、表现、习惯等情况进行分析与反思，通过深入剖析自己的心路历程，有效提高复盘效率。在复盘后进行自我剖析，既能够发现自己的优劣势，还有利于形成良好的行为习惯，并且可以准确评估复盘表现（见图13-6）。

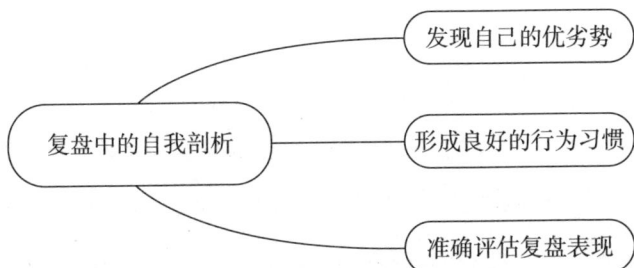

图13-6　复盘中的自我剖析

1. 发现自己的优劣势

在自我剖析的过程中，员工能够发现自己的优势与劣势，通过不断复盘，知晓自身的短板所在。例如，某职员的各项评估数据都很高，但是与其他员工相比，个人工作时间偏久，所以他的短板就在于工作效率较低。发现劣势不是最终目的，有效改善劣势才是关键，员工自我剖析后可以准确判断出自己的问题，在此基础上及时做出解决策略。同时，员工可以发掘自己的优势，丰富自己的工作技巧，提高后续工作的效率。发现个人优势，可以增强员工的工作动力；发现个人劣势，可以使员工不断进步与成长。

2. 形成良好的行为习惯

员工对自己的行为习惯进行自我剖析，判断是否因为不良行为影响工作，或者因为不良情绪造成不良的工作效果。对于银行员工来说，行为习惯是影响工作结果的因素之一，对自己工作过程中的表现进行剖析，认真分析行为习惯，对其进行分类，好的保留，坏的摒弃，以便进行最终总结，从而形成良好的行为习惯，促进工作效率提高。

3. 准确评估复盘表现

首先，复盘重要的是整合和梳理分析出来的信息，员工经过多次回顾与理解才能够找到最适合自己的工作方式。在总结个人复盘信息的过程中，员工可以花费更多时间来翻阅记录的工作信息，如工作日记等，仔细评估自己执行工作时的错误行为，个人失误导致的错误需要通过改变工作态度来避免，能力不足导致的错误则需要通过继续提升个人能力来处理。

其次，员工可以明确工作实际含量与难度，结合自己的实际能力，为后续的工作设置突破自我且能够实现的计划或目标，将现阶段的复盘工作作为下阶段业务处理的基础，并且将这种认知贯彻下去，使其成为提高工作效率的途径。

最后，员工评估复盘的表现一定要依靠真实信息，这样评估的结果才更加准确，有效的评估结果可以体现员工的工作能力、行为习惯等，其在帮助员工加深自我认知的同时是向企业推荐自己的一个机会。员工让企业看到自己的工作能力、复盘能力，很有可能获得更多的表现和发展契机。

第
十
四
章

复
盘
要
重
视
管
理

一、拒绝复盘的五个误区

复盘的目的是发现问题并加以解决。大卫·加尔文（哈佛大学著名教授）曾提出，学习型组织快速诊断标准之一是"不犯过去曾犯过的错误"。不再重复错误就是复盘的作用，所以商业银行业很重视对工作的复盘。复盘的逻辑与步骤看似简单，实际操作具有较高的难度，如果不能摆正自己的心态，很有可能会陷入误区。常见的复盘误区主要有五个，分别为"复盘=总结""复盘=思考""复盘=思过""复盘=自证""复盘=追责"（见图14–1）。

1. 复盘 = 总结

复盘的一个环节是总结规律，所以有人觉得复盘就是总结。其实两者存在明显的区别，复盘需要对工作的全过程进行回顾，应该从头到尾模拟一遍，详细分析出现不良情况的原因，还需要分析已经完成

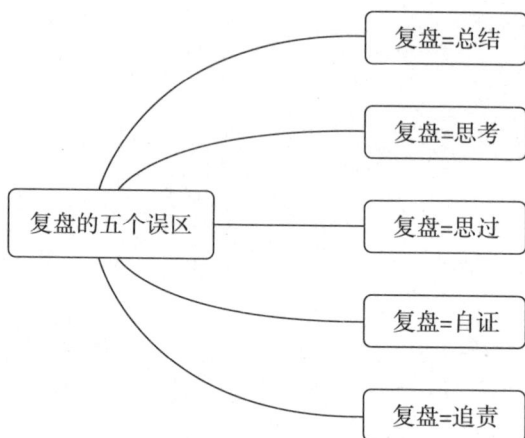

图14-1 复盘的五个误区

的工作能否更好处理；总结是根据目标分析结果，得出的结论一般是目标是否完成、目标完成情况如何。所以说，复盘与总结并不相同，复盘的目的是学习，关注重点是过程；总结的目的是整合，关注重点是结果。

2. 复盘 = 思考

在复盘过程中需要不停思考，但是复盘不等于思考，可以将思考看作复盘的中期工作，可以将复盘分为回顾、思考和改进。如果认为思考就是复盘，就会将大量的精力放在对工作的思考上，而不是改进问题。不愿意改进问题就永远受问题困扰，只停留在思考层面的复盘，难以发挥最大的作用。复盘中的思考也就是反思，之所以反思是因为知晓有问题，剖析出问题后就需要解决，不能认为反思出问题就可以结束。总之，应该及时采取行动，解决复盘分析出来的问题。有复盘就要有思考，也要有所行动，辛苦思考出来的问题，如果不能落实到工作中，复盘就没什么作用。

3. 复盘 = 思过

很多人在复盘的过程中会不断反思过错，花费大量的时间与精力寻找自己在工作过程中的问题。思过按照主体不同可以分为自我思过与外力思过，自我思过是反思自己的问题，外力思过是反思他人的问题。将复盘演变为对工作过错的总结，最终可能会分析出很多的问题，但违背了复盘的初衷，使得复盘工作者逐渐提不起复盘的兴趣。复盘需要思过，但不能只思过，自我思过是为了进行自我检验与提升，如果一直否定自己很容易丧失信心；外力思过是为了促进项目完成，如果一味将过错归于他人，不愿意考虑自身的问题，就会使复盘失去对个人的增益作用。

4. 复盘 = 自证

笔者一直认为复盘是为了学习，是为了提高团队的工作效率。但是有的人认为复盘就是为了进行自证，通过复盘可以看到自己对工作的付出，从而证明自己。如果复盘仅仅是为了证明自己，那么就没有必要大费周章地反思总结了，证明自己只通过回顾过程就可以做到。只是证明自己是对的，那么复盘的时候就会只关注与自己相关的信息，对工作过程中的其他事项不闻不问，会使得复盘的作用范围急剧缩小。

5. 复盘 = 追责

处理工作业务的中途，一定会涉及承担责任，很多管理者不会把精力放在分析问题上，而会一直寻找员工的问题，不断对出现错误的人进行惩罚，导致企业内部氛围压抑，从而影响复盘。另外，员工在复盘的时候，受自身本能的趋利性影响，如果发现错误，可能相互推责，为自己辩解，力图将所有的过错都归于他人。工作上出现错误固然需要考虑到相应的责任，但复盘最重要的任务是解决错误造成的问题，不让犯过的错误再次影响工作。

二、复盘中的深度反省

一个项目从开始到结束都需要提前计划好，员工可以在执行工作的过程中适当改变一些行径，但事前设定的框架基本不会改变，"开弓没有回头箭"可以准确地形容工作进行。商业银行允许员工在工作上出现可以控制的错误，但是不能接受重复问题出现，想要杜绝重复出错，员工就需要在工作结束后进行深度反省。身处职场，企业会根据员工的能力安排适量的工作任务，一般情况下，工作时间内员工大多只能完成上级规定的任务，很难挤出时间认真反省自己。现如今，为了鼓励员工自己发现问题，很多商业银行选择让员工进行自我复盘，每天或每周给员工复盘工作的时间，员工可以利用这些时间静下心来对自己过往工作中的行为表现进行深度反省。

1. 深度反省的作用

"吾日三省吾身"，强调了反省的作用，在复盘中进行深度自省，员工能够发现自己能做什么。反省，本质上就是深刻认识到个人的作为与能力，通过深入回顾工作中的细节，员工能够看到失败因素与成功因素，总结出相关的经验，为下一次工作的良好表现打下基础。

2.深度反省的方向

通过多次复盘，银行员工可以逐渐意识到自身的诸多问题，认清自我并改善自我是复盘的目的，之所以能够加深对自身的认识，是因为员工一直在进行深度反省。不同的员工有不同的反省方法，商业银行无须限制员工的选择，只要能够反思出有价值、有意义的信息，通过任何合理的方法反省自我都可以。深度反省的方向如图14-2所示。

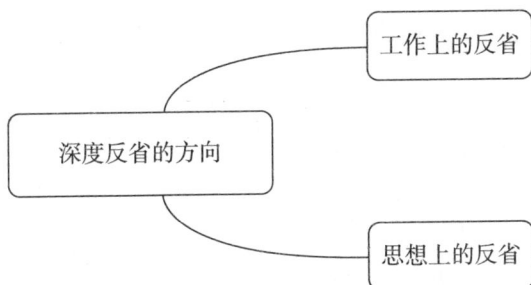

图14-2　深度反省的方向

（1）工作上的反省

工作上的事情有很多，不仅局限于员工了解到的制度、纪律等，因此值得反省的地方有很多。在进行深度反省的过程中，员工可以将问题进行分类，属于工作本身的问题，可以记录下来一并反馈给上级人员，帮助企业解决问题，如计划、目标不合理；属于个人独有的问题，可以思考自己不及他人的地方与原因，从而针对问题制定策略。

（2）思想上的反省

员工进行复盘，往往是企业要求。在复盘的过程中进行反省，不能觉得是一项任务，草草应对则不能反省出真正的问题，应该从心里认可反省的意义。商业银行鼓励员工反省的时候，需要明确员工反省的内容包括工作过程与个人思想，反省执行工作的过程是为了发现业务项目中的问题，可以通过调整工作策略而改进；反省员工的个人思想是为了让员工判断自己想法的正确与错误。当员工的自我反省足够深刻时，他就能接受自己的不足，某些时候工作进展不顺的原因可能不在于工作与环境，而在于员工自己。通过反省，员工能够产生否定自我的勇气，从否定到改变，再到认可，逐渐提高思想高度。有的时候自我否定就是提升自我的开端。

三、评估复盘结果

评估结果主要思考三方面，分别为关注结果、关注结果产生的原因、关注结果与目标的区别，可以采取过程还原法和绩效导向法两种方法（见图14-3）。

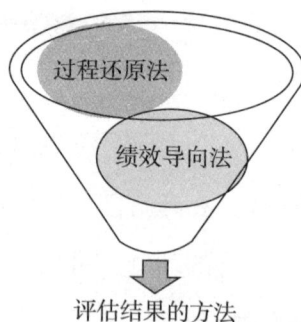

过程还原法

绩效导向法

评估结果的方法

图14-3　评估结果的方法

1.评估结果的内容

在评估结果的时候不能仅关注结果，还需要关注结果产生的原因，也需要关注结果与目标的区别。首先是关注结果，通过不懈努力，员工运用自身技能处理业务，评估结果人员会对员工最终完成的工做效果做出准确评价；其次是关注结果产生的原因，从中总结出有价值的信息；最后是关注结果与目标的区别，计划赶不上变化，预期的目标与员工最终的工作结果难免会出现不同，进行评估的时候就需要明确两者之间的区别，为后续的复盘工作提供依据。

2. 评估结果的方法

根据复盘工作者的变动情况，可以选择不同的评估结果方法。通常情况下，参与复盘的工作人员变动较大时，可以选择采用过程还原法，规避人员默契不足引发的问题；当复盘队伍人员相对稳定的时候，则可以选择采用绩效导向法，这样能够高效发现并解决问题。

（1）过程还原法

过程还原法就是按照时间顺序或者职能线路，把工作中的主要环节回顾一遍，方便客观探究细节。这种方法操作难度不高，对大部分复盘工作者来说较为简单，而且逻辑清晰，容易被记忆和理解。当然，使用过程还原法也有一定的弊端，很有可能会错误地将工作重心放在记录上，导致信息繁杂却没有实用性，对熟悉工作内容的人来说，过分描述过程没有必要。

（2）绩效导向法

绩效导向法是指对比目标与结果的差距，从总结出的信息中筛选有用的内容，主要包括成功的原因与失败的原因。这种方法比较快捷高效，只需要关注起始目标与最终结果，对比两者差距，还可以使复盘工作者保持较高的专注度，提高复盘效率。但仅仅关注目标与结果的差距，容易忽视工作执行过程的细节。

四、复盘队伍的搭建和运营

复盘工作，是一项需要事先计划的任务，不是说做就可以着手开展的，商业银行鼓励员工进行自我复盘，同时，要进行项目复盘，而专门的复盘队伍对项目工作的复盘会有明显的推动作用。有了组织与队伍，就需要利用已有的队伍进行复盘，如何运营队伍便成为新的难题，队伍的质量受成员的能力影响，再优秀的人员聚集在一起不能发挥作用，这样的队伍也会面临着分崩离析的命运。为了更好运营复盘队伍，商业银行可以安排领导人员，其职责主要有两个方面，其一是人员配置，其二是权力分配。

1. 复盘队伍的搭建

能够复盘出多少有价值的信息，与复盘队伍的能力高低息息相关，复盘队伍内的人员都应该具备较高的专业能力，都可以通过自己为复盘做出贡献。搭建一个稳固的复盘队伍不是易事。搭建一个好的复盘队伍，可以从选人、育人、用人和留人四个方面入手（见图14-4），首先，要选择适合复盘的人员；其次，要对复盘人员进行不断培训；再次，要会运用复盘人员的能力；最后，要保证优秀的复盘人员留在队伍内。

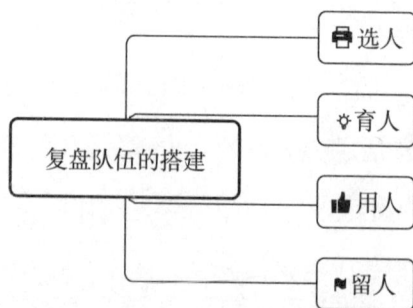

图14-4　复盘队伍的搭建

（1）选人

在选择复盘参与人员的时候，一般可以选择有经验、有自觉、有态度的人。有经验的人员可以更快进入状态，提高复盘的效率；有自觉的人员能够积极参与工作，推动复盘的进度；有态度的人员会认真对待工作，保持复盘的质量。复盘人员的选择决定复盘队伍的起始高度，复盘的作用需要不断优化，而被优化的基础越高，优化后的效果越明显，所以搭建复盘队伍要重视人员的选择。

（2）育人

复盘过程中有很多任务，负责复盘的人员应该各司其职，所有人保证自己的工作质量，才可以得到理想的复盘效果。商业银行内部需要被复盘的项目有很多，随着复盘次数的增加，复盘队伍的能力应该有所提升，每一个复盘参与者都需要提高自己的能力，而针对不同员工应有不同的培训方案。复盘过程中的任务有记录、分析等，负责记录的人员应该提高筛选与汇总的能力；负责分析的人员应该提高思考与想象的能力，培训方案应该根据岗位设置，要求工作对应能力。

（3）用人

搭建一个能够胜任复盘职责的队伍，要求员工具备相应能力固然重要，但是应该区别员工的能力层级，如果选择的人员都具有很高的能力，那么可能出现基层的工作无人愿意承担的情况。所以队伍中的人员应该有适当的层级划分，并且要合理安排各层级人员处理工作。通常情况下，复盘队伍中的员工主要分为头部员工、中间员工、基层员工和掉队员工。头部员工是指本身能力突出，能够负责重要任务的员工，对于这类员工，应该加强监督，防止其产生倦怠心理影响复盘效率。中间员工是指能力较强但有进步空间的员工，针对这类员工，应该制定培养策略，帮助他们逐渐提高个人能力。基层员工是指具备完成基础工作能力的员工，他们往往可以按照要求工作，但缺乏自主提升意识，也不具备突出的能力，面对这类员工，为其提供方案保证基础工作质量即可。掉队员工是指已经无法按照计划完成工作的员工，这类员工可以因为某些原因自身无法处理工作，基于这种情况，可以甄选队伍之外的员工进行替代，从而优化队伍复盘的质量。

（4）留人

很多时候，复盘队伍能够高效完成工作，主要依靠队伍成员之间协作配合，这时候如果有人选择退出，很有可能会打乱原本的节奏，导致复盘效果受到影响。为了避免人员变动引起的不良反应，复盘队伍的引领者应该强化留人能力，最好的办法就是提供更好的待遇或满足更多的需求。

2. 复盘队伍的运营

再优秀、再硬核的队伍，如果不能正确运营，也很难保证工作效率。复盘队伍的管理者和领导者，应该运用自己的权力与能力合理保证队伍良好运营。其带领着一批优秀的员工，在分配工作的时候，就应该合理安排人员，不同的工作任务需要合适的人员去应对处理。同时，其被企业授予管理的权力，但是需要意识到个人精力有限，可以给不同员工一定的权力，在合理的范围内为员工提高工作的便利性。复盘队伍运营重点如图14-5所示。

（1）人员配置

复盘工作具有一定的复杂性，引领复盘队伍的人员可以将复盘的流程划分成不同的环节，划分基于工作的完整性，因此不能保证工作任务的均衡性。不同难度的任务需要的人员数量与人员能力不同，需

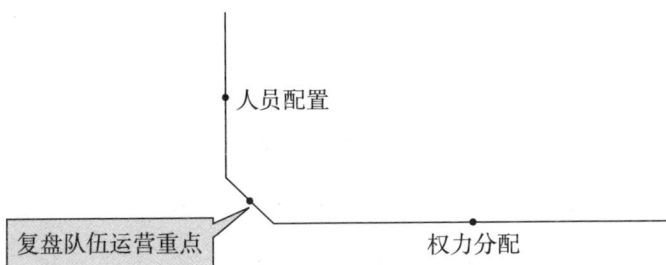

图14-5　复盘队伍运营重点

要安排适当的人员去处理不同的任务，这样能够保证个人工作任务量上的公平性。

　　某企业一个部门组建的复盘队伍共有14人，包括1位管理者和13位复盘工作落实人员，为了保证及时发现问题、及时解决问题，该部门有每日复盘的习惯，制作的每日复盘计划如表14-1所示。

表14-1　　　　　　　　　　每日复盘计划

复盘时间	复盘环节	复盘任务	负责人数
8：00—9：00	回顾目标	口述目标	1人
		罗列目标	1人
9：00—11：00	评估结果	分析结果	2人
		对比目标结果	1人
11：00—12：00；14：00—15：00	分析原因	分析失败原因	1人
		分析成功原因	1人
15：00—18：00	总结经验	归纳成功原因并保留有用信息	3人
		发现失败问题并制定解决策略	3人
总计	—	—	13人

（2）权力分配

在复盘的过程中，负责不同工作任务的员工应该具备与工作内容相应的权限。这能够减轻对员工的限制，从而保证复盘工作顺利进行。权力分配是复盘队伍管理者的任务，不能胡乱安排与设置，应该熟悉每位员工的工作内容，根据内容安排权力，才可以保证权力分配准确性。

　　某企业为了保证复盘所使用信息的准确性，选择被复盘项目工作者承担回顾工作经历的任务，同一个项目内，很多员工需要处理相同的业务，会从这些人员中筛选一位员工进行回想。一次筛选的员工是小张，由于自己的工作状态与想法不能代表其他人员，想要全面了解所有员工的情况，小张就需要获取其他人员的信息。但是因为小张没有足够的权力，会有部分员工觉得接受访问很麻烦，不愿意配合其工作，导致复盘效率不高。发现了这样的问题，复盘队伍的管理者便授予小张相应的权力，规定所有员工都有义务配合小张的一切合理行动，从而逐渐加快了信息收集的效率，对整体的复盘效率有很大的促进作用。

　　商业银行532理论模式强调增强中层干部执行力、形成全员合力、提升企业市场竞争力，是现今很多商业银行采用的一个模式。

　　笔者从营销与复盘两个方面看待商业银行的发展与运营。首先是营销方面的内容与经验。第一，要注重营销细节，加深客户对银行的印象；第二，要精确营销渠道，保证营销活动高效进行；第三，要把控营销节奏，积极参与营销处理的行动；第四，要重视客户体验，旨在提升营销成功率。其次是复盘工作的作用与经验，第一，复盘有利于发现问题，回顾工作过程可以及时发现问题并解决问题；第二，复盘要有信息支撑，用来复盘的信息一定要准确，能够总结出可使用且有价值的规律。

　　532模式提倡商业银行重视从营销到复盘的全过程，旨在通过运营机制（50%）、营销机制（30%）和赛马机制（20%）的导入，解决银行员工不想干、不会干和银行内部少数人在干的三大痛点问题，脱离了传统的点状管理模式的误区，帮助管理者应用系统性的思维方式。